经济学家茶座

TEAHOUSE FOR ECONOMISTS

主　管　山东出版传媒股份有限公司
出　版　山东人民出版社
编　辑　《经济学家茶座》编辑部

本书得到上海汇智经济学与管理学发展基金会资助

主　编　胡长青
执行主编　詹小洪
执行主编助理　党　印
项目负责人　徐铭堃

编委

王松奇　王东京　王　昊　王振中　王瑞璞　刘　伟　刘方棫　刘国光　汪丁丁
张卫国　杨瑞龙　林　岗　钟朋荣　洪远朋　洪银兴　赵　晓　荆林波　顾海良
梁小民　黄少安　程恩富　蔡继明

图书在版编目（CIP）数据

经济学家茶座 . 第 93 辑/胡长青主编 . —济南：山东人民出版社，2023. 9
ISBN 978－7－209－13863－5

Ⅰ . ①经… Ⅱ . ①胡… Ⅲ . ①经济学-文集 Ⅳ . ①F0－53

中国国家版本馆 CIP 数据核字（2023）第 032971 号

济南市市中区舜耕路 517 号
邮编：250003
http：//www. sd－book. com. cn
编辑部电话：（0531）82098901
E-mail：jjxjcz@ 163. com
市场部电话：（0531）82098021
山东蓝海印刷科技有限公司印装
2023 年 9 月第 1 版　2023 年 9 月第 1 次印刷
169 毫米×239 毫米　16 开　11. 25 印张　180 千字
邮发代号：24－180
定价：25. 00 元

茶座说喝茶

刘汉民

小时候住的大杂院外面有个简陋的茶馆：三面泥土墙，一面敞开无门，外面几条石板是给客人放暖瓶和水壶的。老板娘说一口广东口音的普通话，据说是国民党军逃跑时留下的家眷，后来嫁给了一位大爷。由于煤炭紧缺，每到夏天，前来打开水的街坊们络绎不绝，傍晚时分更是排起长队。离茶馆不远的空地上，常常聚满了喝茶聊天和等候打开水的人。几位大爷喝着廉价的花茶，谈古论今，纵横天下。兴致高时，还会有人讲评书，如《杨家将》《三国演义》《水浒传》等，水平不亚于刘兰芳。后来，随着蜂窝炉的流行和电力的普及，茶馆生意一落千丈，最后不得不关门大吉。但茶馆文化深深地留在了关于儿时的记忆里，我至今记得那些人、那些事。

2003年非典期间，举家南下，来到广州。其时北方还在封路堵门，广州已全面放开，茶楼（酒楼）天天爆满。所谓的茶楼，其实是吃茶点的地方，吃饭前点上一壶茶（无论贵贱都收茶位费），一边喝茶一边等候上茶点。通常服务生会给你一张菜单，上面写满茶点的名称，按价格高低分为超点、特点、顶点、大点、中点和小点。超点最贵，小点最便宜。品种五花八门，既有虾饺、烧卖、肠粉、核桃包等面点，也有凤爪、猪骨、菜蔬和粥类，但都跟分量无关，而跟原料和制作成本有关。喜欢什么可以在旁边的方框里用铅笔打钩，然后交给服务员。如果茶壶需要续水，不需招呼服务员，只需把壶盖错开一些或倒过来放，服务员就会过来续水。大一点的茶楼有单间，客人可以邀约亲朋好友或家人在此团聚，享受一份清净，当然价格要贵些。一般的茶楼只有大厅雅座，虽稍显喧嚣但不失热闹，且价格低廉。喝茶时间一般在早上七点到十一点，喝完早茶基本上中午饭就免了。对于大多数人来说，两顿饭花几十块钱还是可以承受的，因此茶楼天天火爆，常常需要提前订座；更有甚者开了下午场和夜场，同样门庭若市。

刚到广州时，系里有个篮球队，每周末早训一次。打完球，同事们就在校内明湖楼要个雅间，边吃早茶边聊天。后来，球友们年纪越来越大，开始独斟工夫茶了，年轻人大多不会打篮球了，茶楼陷入危机了……但茶楼文化依然留在脑海里，茶友的情谊也令人难以忘怀。

（作者为暨南大学管理学院教授）

卷首语

003 茶座说喝茶 　　　　　　　　　　　　　　　　　刘汉民

国是我见

007 城市化依然紧迫 　　　　　　　　　　　　魏东霞　陆　铭

013 为什么中国应该减少劳动时间？ 　　　　　　　　　冯志轩

020 技术进步怎样影响收入分配？ 　　　　　　　　　　张　琦

027 大学生为什么就业难？ 　　　　　　　　　　　　刘宝宏

学问聊斋

033 经济学是科学吗？ 　　　　　　　　　　　　　　　彭　波

040 经济学者的社会关怀与人文情怀 　　　　　　　　　王跃生

046 经济学研究中的"大智慧"与"小策略" 　　　邱　斌　曾彦博

052 经济学研究中的"狐狸尾巴"和"老虎尾巴" 　　　　冯　伟

学界万象

059 国际熊彼特学会见闻 　　　　　　　　　　　　　欧阳峣

066 论文话题选择：跟随热点还是选自己喜欢的？ 　　　包　特

068 漫谈学术论文分类 　　　　　　　　　　　　　　荆林波

075 我是这样指导学生研究小三线建设的 　　　　　　徐有威

生活中的经济学

082 菜篮子随想曲 　　　　　　　　　　　　　　　　李文溥

088 讲价还存在吗？ 　　　　　　　　　　　　　　　宋　建

092 人生规划的经济学原理与自然法则 　　　　　　　苗建青

经济随笔

095 超理性动机是企业家的特质 　　　　　　　　　　陈　宪

TEAHOUSE FOR
ECONOMISTS | 经济学家茶座 目录

099	韦伯的"扳道工效应"	彭凯翔
103	育才与选才	董志强
108	年轻人"宁愿送外卖,也不进工厂"的金融学思考	
	蔡庆丰　王瀚佑　李东旭	

经济评论

114	"对标法"预期增长的经济统计学评论	邱　东
121	什么样的制度是好制度	
	——从避免浪费的篮球规则改革说开去	王松奇
126	为什么经济学人更容易感到幸福?	吴克明

经济史话

131	跨大西洋奴隶贸易	施　诚
137	赈灾问题的经济学思考	
	——以一次清代赈灾经历为例	梁　捷
144	"没有粪便就没有中国的今天"	曾雄生

经济学人

149	道是"忧郁"却惊奇	
	——为经济学大师立传的新发现	马传景
157	格申克龙论社会态度、企业家与经济发展	王红曼

财经阅读

163	旧墨故笺中见活历史	
	——读《竺可桢日记》随感	徐康宁
171	知之不如好之,好之不如乐之	
	——评《一切皆契约:真实世界中的博弈与决策》	梁平汉
176	林毅夫教授的育人之道	
	——从《解惑集》和《园丁集》谈起	皮建才

城市化依然紧迫

魏东霞　陆　铭

当前中国仍然面临着城市化的紧迫性。城市化要推进，这是有共识的，但是农村人口要不要尽早进城，事关国家发展和全民福利，仍存争议。直到今天，与加快城市化相违背的观点还在继续。比如有人认为大量劳动力离开耕地有可能导致严重的粮食危机，或者说城乡需要均衡发展，应通过各种倾斜性政策，大力发展小县城，吸引人们去中小城市，甚至让农民返乡，让父母回家陪孩子。更有甚者提出要在县城办大学，而不讨论县城是哪里的、什么样的县城，要知道全国有的县城（江苏昆山，也的确有几所大学）人口有 200 万，最小的县城人口不到 1 万。中央现阶段对县城、农村和城市发展的指导意见是有差异的，如果一些讨论没有依据事实和以数据为基础，就都是在拖延改革。我们来看一组数据，中国2020 和 2021 年流动人口总量分别达到 3.76 亿人和 3.85 亿人，占总人口的比重约为 27%，人口继续向经济发达地区、城市群集聚。国家统计局发布的 2021 年农民工监测报告显示，农民工总量已经超过 2.9 亿人，其中外出农民工超过 1.7 亿人，均呈现出增长趋势。

伴随着农村人口持续外流，中国粮食产量不降反升。如图 1 所示，近 20 年因农业机械化率持续提升，粮食和蔬菜产量逐年提高。另外，通过技术进步和农地复耕，土地数量限制也存在突破的可能。比如现在城市住宅小区中，随处可见的利用买来的土壤在边角空间或者外墙辟出的种植区，一样可以瓜果满枝头。这个以小见大的案例说明，随着技术改进，突破土地数量限制也是可能的。农民进城务工并没有对农业生产造成冲击。相反我们的研究发现，中国粮食生产近年来出现"高产量、高库存、高进口"现象，主要是因为人均耕地面积过小引起规模经营不足，增加了成本，导致稻谷和小麦等主粮竞争力不足，根本原因还是户籍制度造成的城市化滞后和针对外来人口公共服务不平等（徐灏龙、陆铭，2021）。

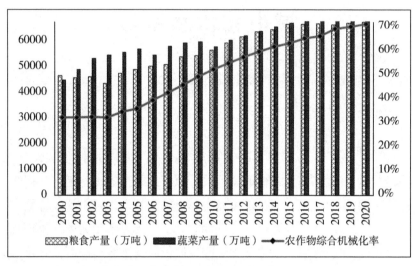

图 1　中国的粮食和蔬菜产量及农业机械化率（2000—2020 年）

数据来源：粮食产量和蔬菜产量数据来自国家统计局网站（http：//data. stats. gov. cn）年度统计数据。农业机械化率数据来自《中国农业机械年鉴》（2000—2019）。农业综合机械化率（耕播种）数据根据如下公式计算：农作物耕种收综合机械化水平 = 机耕水平 × 0. 4 + 机播水平 × 0. 3 + 机收水平 × 0. 3。参考闫宝生《农作物耕种收综合机械化水平计算》（《农业工程》2013 年第 2 期）。2020 年数据来自农业农村部新闻办公室《农业机械化加快向全程全面高质高效转型升级》。

一、县域经济的特色发展案例——粤西某县服装来料加工产业

针对县域经济发展问题，2022 年 5 月初，中共中央办公室、国务院印发了《关于推进以县城为重要载体的城镇化建设的意见》。意见将县城分为大城市周边县城、专业功能县城、重点生态功能区县城及人口流失县城几种类型，分类发展。这份文件理念先进，反映了决策部门在认识中国区域经济发展和城市体系方面，越来越科学，越来越尊重经济发展的规律和城市发展的规律。

下面我们也提供一个县域经济发展的典型案例。

2022 年春节返乡期间，我在县城老家看到的一番景象与中央意见中提出县城

发展要分类引导非常一致。家乡位于广东肇庆市怀集县。怀集县位于广东省西北部，肇庆市北部，绥江上游，距离广州150公里、车程2个半小时。因临近春节，返乡车流量很大，4个小时才到家。回家之后，我们发现周围多了很多服装加工厂的招牌。甚至附近几幢居民楼的一层都改成了车间。我们进去询问一番得知，他们都在为广州或佛山的服装企业做代加工。家人说最近两年这种工厂多了很多。除了县城，离县城比较近的乡镇里也有很多。工人以中年女性为主。临近过年，有些工厂已经休假，但很多招聘启事显示，很多工厂缺人。我们联系到了一家服装加工厂的老板阿哲（化名），向他了解了具体情况。据阿哲介绍，县城内这样的小型服装加工企业有200多家。笔者通过爱企查网站查到周围服装加工企业数量要超过200家，算上个体户更多。这些服装加工厂主要负责来料加工，不参与服装设计和销售。衣服加工完成之后，通过第三方专业物流公司被全部运到广州或佛山的服装企业进行销售。阿哲负责加工的订单企业主要是线上销售，同时涵盖部分线下实体店。

怀集县小工厂为什么能承接广州、佛山大企业的服装来料加工业务呢？我们认为主要是它拥有距离、劳动力和用工成本三个优势。第一，怀集与广州、佛山，同在广东省，距离合适。怀集县离广州150公里的车程，走高速正常情况下只需要2个多小时。因为同省，不存在省界对车流量限制的壁垒（Zheng，Lu and Li，2022），物流顺畅，准时性高。布匹材料由广州、佛山的总公司配送，服装加工好之后运到广州或佛山，开展线上或线下销售工作。那为什么距离广州更近的广宁县和四会市反而这样的企业较少？阿哲认为还是与距离有关。广宁和四会距离广州分别为120公里和80公里，距离优势让人们更愿意选择去珠三角务工，留在本地工作的劳动力自然不足。第二，劳动力资源充足。"七普"数据显示怀集县常住人口为80.5万，占肇庆市常住人口的19.57%，是肇庆市人口最多的县。充沛的劳动力资源保证了加工厂所需要的工人充足。尽管大部分青年人首选去珠三角打工，但县城最近几年人口依然很多，有的是为孩子在县城读书而返乡的人，有的是把孩子从乡下送到县城读书的人。这些人，尤其是其中的女性，没法去更远的地方工作，县域范围内的灵活就业更适合他们。另外，因为怀集人口规模大，早年到广州、佛山务工的人员也多，不少具有服装行业务工或经商经历的小老板返乡创业，逐渐形成了规模经济。第三，劳动用工成本具有一定的优势。怀集县服装加工企业工人工资在3000—5000元，这主要是因为当地较低的生活和住房成本。用工成本远低于珠三角，所以哪怕算上运输成本也是划算的。

怀集小型服装加工企业的发展与中央文件对县城分类发展意见非常一致，怀集就是属于大城市或城市群的周边县城。正如企业老板阿哲说，"怀集服装加工厂因为距离大市场（广州）太远，不能成为如广州、佛山那边一样的大企业"。但怀集却可以依托珠三角大城市而发展特色专业功能产业，一样可以解决就业和收入问题。特别是在当今数字经济对城市空间形态和产业布局重塑的背景下，中心城市的地位并不会因为物流的发达和信息技术的深度应用而削弱，其人才、技术和市场的优势反而更加突出。周边的小城市和县城可以成为加强城市"中心化"的力量，通过特色功能区发挥自己的优势，实现在集聚中走向平衡，在发展中实现共同富裕。

二、早进城、早学习、利就业

县城要分类发展，中国现阶段三个基本事实也告诉我们推进城市化的紧迫性。一是流动人口规模庞大且持续增长。与此相联系，2020 年义务教育阶段进城务工人员随迁子女总量为 1985 万，农村留守儿童数量为 1811 万，合计达到 3796 万。二是人口增速放缓，生育率低，人口老龄化严重，城市亟须外来人口补充以维持人口年龄结构的平衡。"七普"数据显示，0—14 岁儿童数量为 2.53 亿人，占总人口的 17.95%；60 和 65 岁以上人群占比分别为 18.70% 和 13.50%。2021 年出生人口仅 1062 万，比上年减少 138 万人。三是流动人口在城市居住时间较长。流动人口监测数据显示，在城市居住超过 10 年者有 20% 左右，超过 5 年者有 50% 左右。他们早已经是城市的一分子，为城市的建设和发展贡献力量，添砖加瓦。在此背景下，如果户籍制度改革依然犹豫，农村移民尤其是年轻人和孩子进城速度还在放缓，将非常不利于城市和经济发展，也无法满足人们追求美好生活的强烈愿望。

更为重要的是，我们的研究发现农村早进城者，通过城市的学习效应，有利于提高个体的人力资本积累，有利于就业，从而提高收入。后进入城市者通过模仿和学习当地的高技能劳动者，积累个体人力资本，进而提高个人的劳动力市场表现。《史记》载，"舜耕历山，历山之人皆让畔；渔雷泽，雷泽上人皆让居；陶河滨，河滨器皆不苦窳"，在舜的治理下，"一年而所居成聚，二年成邑，三

年成都"。舜因此受到了尧的赞赏。这说明即便在上古时代，从事相同行业的人们聚集在一起，通过良好的制度与规则约束，相互学习，形成有效的管理，使人口繁盛，形成城市，也是一件非常了不起的事情。马歇尔在 1890 年出版的《经济学原理》中也认为，"从事相同行业者之间的学习氛围就如在空气中一般，通过互动交流随时获得"。

另外城乡间人力资源水平差距较大，后进入者可以向城市中的高技能劳动者学习。2011—2017 年流动人口监测数据显示，农村移民以初中及以下教育水平为主。城市中聚集了大规模的高学历个体，城市规模越大，高技能劳动者越多。"七普"数据显示，2020 年中国每 10 万人拥有大专及以上学历人数是 15467 人，北京、上海、广州、深圳等一线城市分别达到 41980、33872、27277、28849 人，远高于全国平均水平。因此，后进入城市者具备了向已有的高技能劳动者非正式学习的条件。不同于人们有意识的、专门的学习，得益于生活环境的耳濡目染、潜移默化的学习，更容易提升个人的沟通和交流等能力，特别有助于其进入收入更高的服务业就业。这种学习作用主要存在于城市，城市规模越大，效果越好。而且农村移民只有进入真正的城市，而不是县城或者小镇，且获得稳定就业，才能够获得这种学习效应，有中间返乡经历的人会削弱城市的学习效应。然而流动人口学历和技能一般较低，不受城市政府落户政策的青睐，因制度或子女就学等，不得不经常在城市和乡村间穿梭。这既不利于本人的稳定就业，也不利于城市企业的稳定用工。

城市的学习效应对年轻人收入提升作用更大。中国人口流动面临制度障碍，我们应更加强调移民的首次进城年龄。请试想，如果两个人都在城市中居住 20 年，20 岁进城的人和 40 岁进城的人，最终能够拥有一样的收入吗？显然年轻人在城市将拥有更多的学习欲望和机会，更可能改变自己的人生。这种猜想，被我们证实。我们发现早来城市者，当前的收入更高，因为早来者通过城市潜移默化的学习，提升了自己的沟通、交流等能力。年轻人对学习和交流能力的提高更具备优势，如年轻时代学习语言显然更容易，这种能力对于服务业就业非常重要。我们曾经在有一项针对外来人口做的调查研究里发现，会说上海话的人比会听上海话的人收入更高，更可能自己做老板（Chen, Lu and Xu, 2014）。当前中国已经进入服务业越来越重要的时期。早来者更可能进入那些收入更高的现代服务行业。

　　我们基于中国发展的实践，将有关城市劳动力市场上的学习效应和劳动力早年生活经历对劳动力市场表现的影响两支研究建立了联系。更为重要的是，我们的研究表明，农村移民向城市尤其是大城市的流动受到户籍制度的限制，特别是大量农村儿童因城市高落户门槛未能跟随父母进城，可能错失在年少时进城获得城市学习的机会。因此，深化户籍制度改革是加快推进城市化和外来人口市民化的关键。中央对此已经十分重视。

　　中共中央、国务院 2020 年 4 月发布的《关于构建更加完善的要素市场化配置体制机制的意见》要求：深化户籍制度改革，推动超大、特大城市调整完善积分落户政策；建立城镇教育、就业创业、医疗卫生等基本公共服务与常住人口挂钩机制，推动公共资源按常住人口规模配置。2022 年 4 月 10 日，《中共中央国务院关于加快建设全国统一大市场的意见》（以下称《意见》）正式发布，对加快建设全国统一大市场作出了顶层设计，《意见》特别提出"要健全城乡统一的土地和劳动力市场……健全统一规范的人力资源市场体系，促进劳动力、人才跨地区顺畅流动"。《意见》是纲领性的，主体责任则需要中央和地方共担。

　　大城市政府应该对此充分重视，从以下方面积极制定有效的政策：第一，城市政府要切实贯彻落实中央关于调整完善积分落户政策的精神，构建以居住年限和缴纳社保为主的积分落户制度，增加每年积分落户的名额，让长期在城市生活和工作、对城市经济发展做出贡献的外来移民能够获得平等的城市居民身份和待遇；第二，中央政府可以将构建基本公共服务与常住人口挂钩的体制纳入各级地方政府责任目标的考核体系之中；第三，建设对青年人和低收入群体更包容的城市，比如在居住形态、生活场景和社会氛围等方面提高包容度，形成农村移民早进城的综合环境。

　　我们提出让农民早进城，加快城市化进程，不仅是基于早进城可以提高流动人口收入，而且是基于城市化进程对中国经济发展的促进作用。城市化是紧迫的，时间是不等人的。"桃李春风一杯酒，江湖夜雨十年灯。"为了中国经济持续健康发展，我们要抓紧时间，不留下遗憾，要从多方面破除体制障碍，让移民早日进城，加快城市化和外来人口市民化进程，以满足人民追求美好生活的强烈愿望。

　　（作者魏东霞为广东金融学院副教授，陆铭为上海交通大学安泰经济与管理学院特聘教授）

为什么中国应该减少劳动时间？

冯志轩

近年来社会舆论中关于"996""内卷"的讨论越来越多。各种社交平台上相关的文章和视频总能收获大量的点赞。根据国家统计局的数据，2021年全国企业就业人员周平均工作时间为47.8小时。相比之下美国的雇员周平均工作时间为36.6小时，法国是36小时，德国是34.3小时；同属东亚文化圈的韩国是38.5小时，日本2020年的数据是36.6小时；而作为发展中国家的墨西哥、巴西分别为42和38小时。无论从何种维度上来看，我国的平均劳动时间在世界主要经济体中都属于非常高的水平。可以说，不管是客观的数据还是人们的主观感受，中国的劳动时间似乎都已经很长了。但是，缩短劳动时间似乎会引起生产的下降和企业成本的上升，在经济增长面临很大压力的现在，我们是否应该采取措施降低劳动时间？笔者这篇文章的目的就在于说明，降低劳动时间不仅不会损害经济的增长，反而能够助推经济发展——并且是更加健康的发展。

一、缩短劳动时间的宏观效应

缩短劳动时间最显而易见的效应就是提高小时工资。如果劳动者每天的工作时长降低的话，在月工资或者周工资不变的情况下，可以提高劳动者的小时工资。即便劳动者最后劳动时长没有变化，也会有一部分劳动时长从法定劳动时间变成加班时间，并带来加班费。也就是说，劳动者的劳动"变贵了"。可能有人会有疑问，上面的论断建立在月工资或者周工资不变的前提下，但是如果缩短法定劳动时间，雇主可能会把月工资或者周工资调低来应对劳动成本的上升，在这种情况下，减少劳动时间只能减少收入。然而，单个雇主固然可以选择这样做，但是如果能够真正贯彻缩短劳动时间的制度规则，整个劳动力市场的供求状况就都会发生改变。我们知道，生产商品和服务的过程中需要劳动和生产资料的结合，这个结合中的劳动本质上是以一定强度下的劳动时间计量的，而不是劳动者的数量，毕竟我们需要的是一台机器旁边有人劳动 10 个小时，而不是这台机器旁边有一个人。但是劳动力市场上的议价却是以人为单位的。当社会当中有许多劳动者劳动时间都缩减时，整个社会的劳动供给实际上大量减少，需求则会上升，因为原来需要 1 个人做的工作，现在需要 2 个人来做。这样，社会范围内劳动者的议价能力会快速上升，雇主在这种状况下是很难通过降低每月或者每周的工资来抵消劳动时间缩短带来的影响的。

那么可能有人会有更大的疑问：如果劳动成本提高了，那么利润就会降低，从而降低资本投资的能力和意愿。在这种情况下，新增就业岗位会减少，整个社会失业会增加，一部分人小时工资的提高，是以其他人的失业为代价的。并且这种失业会带来工资下行的压力，最终把工资拉回到原有的水平。然而，劳动成本的提高并不一定意味着失业的增加，为了解释这个看上去有点反常识的观点，我们需要引入卡莱斯基的见解：工资既是生产的成本，也是有效需求的重要来源。对于投资需求而言，工资的上升会挤压利润，从而存在着降低需求的效应；但是对于消费需求而言，由于劳动者的储蓄倾向更低，而资本家的储蓄倾向更高，工资挤压利润的情况下消费需求会提高。工资对于经济总需求的影响其实是取决于两种相反的效应谁更大。当影响投资的成本效应更大时，降低工资提高利润可以提高增长水平，此时我们将这样的经济体称为利润引导型经济；反之，当影响消费的需求效应更大时，我们将这种经济体称为工资引导型经济。

许多研究都表明，在过去很长一个时期内，中国的经济都是利润主导型的，这也解释了为什么政府长期以来制定相对偏向资本的分配政策。然而近年来，事情正在发生根本性的变化，近期的经验研究表明中国正在朝着工资主导型的经济体转变。这与几方面的因素有关。最首要的是中国新发展格局逐步形成，国内大循环占据了更为重要的地位。对国际市场的依赖被认为是利润主导型经济形成的重要原因，因为根据上文的逻辑，工资对于出口部门来说仅仅是提高成本、挤压利润的因素，毕竟国内需求对于出口部门并不重要。出口比重越高，工资对增长的负面效应越大，正面效应越小。早年间曾经有经验研究发现，中国的国内部门是工资引导型

的，但是加上出口部门则转向了利润引导型。其次是近年来中国家庭债务问题，在经历了家庭负债的快速提高之后，如今家庭债务比重已经相对较高，提升空间减小。而家庭债务的提高被认为是维持利润引导型经济的重要手段。原因很简单，因为家庭债务的提高能够在工资没有上涨的情况下提高劳动者的消费，并降低社会总体的储蓄倾向，从而提高总需求。但是，这种手段从本质上是不可持续的，因为其要求的是债务水平的增量，而这显然是有限度的，一旦债务水平无法再增加，那么工人的收入会由于债务利息而持续流向"食利者"，并造成有效需求的降低。最后，工资提高对投资的负面影响从根本上取决于投资对利润率的敏感程度，随着近年来国际形势的变化和国内经济增长下行压力增大，资本在投资过程中所面临的"根本的不确定性"增加，让投资变得更加保守和审慎，从而降低了利润率对投资的影响。这样工资上升通过降低投资对总需求产生的负面影响实际上是在降低的。

因此，从宏观上来说，降低劳动时间不会通过提高劳动成本而减少就业岗位，反而会提振总需求，增加就业岗位并促进经济增长。我们实际上可以实现在劳动者更轻松的情况下让宏观经济表现得更好。另外，值得额外说明的一点是，劳动时间的缩减来自工资相对利润的上升，这也有助于收入分配的平等化。工资和利润之间的相对变化对于收入分配的影响是根本的，从马克思到皮凯蒂都关注到了这一现象。我们很难脱离功能性收入分配去讨论经济总体的收入分配不平等。20 世纪 80 年代以来，世界范围内的不平等上升与利润份额相对工资份额的上升存在着联系，而中国的收入分配不平等也与工资份额的水平有着直接的关系。

二、缩短劳动时间的微观效应

缩短劳动时间在微观上带来的第一个好处同样来自小时工资的提高。在政治经济学中有一个关于技术进步的"罗默定理"（虽然这个定理实际上是由马克思提出，并由置盐信雄最早证明的，但是由于约翰·罗默的工作而被广泛知晓，所以被一部分文献称为"罗默定理"），其含义是，资本在选择技术进步的时候，其核心逻辑是提高利润率，而技术进步对社会的意义体现在劳动生产率的提高之上，两种评判技术的标准并不完全重合，而是存在一定的偏离，而影响这种偏离程度的就是工资。工资越高，二者重合的比例越大，资本家根据利润率变动程度选择的技术就会更有利于提高劳动生产率，反之则反是。举一个极端但是直观的例子，要是工资降低到 0，那么任何用资本替代劳动的技术都不会被资本家选择，不管其能够在多大程度上提高劳动生产率，因为前者是有成本的，而后者则是免费的；相反，任何劳动替代资本的技术都会被选择，不管其是否降低了劳动生产率。而现实当中，用资本替代劳动的"马克思偏向型技术进步"已经被发现是更常见的技术进步类型。中国过往利用较低的人工成本实现了经济规模的扩张，但是也有大量的企业被锁定在这种低成本的陷阱之中，用低成本抵消低效率带来的消极影响。有研究表明，中国的劳动法和劳动合同法的贯彻实施对企业生产率的正向作用实际上也可能是通过这种机制实现的。在市场经济条件下，想直接干预作为商品的劳动力价格是并不容易的，但是通过干预劳动时间而改变劳动力供求环境则有可能改变工资水平，从而推动整个经济效率的提高。

　　缩短劳动时间在微观上的第二个好处是其能够提高劳动本身的强度和效率。对于大多数依靠思考、创意和沟通的工作而言，劳动时间与其产出的关系是非线性的。每天迫使自己坐在电脑前并不一定能够提高研究的效率应该是许多经济学研究者都能够注意到的现象。要保持思考的质量，我们则需要足够的休息和积极的心态。否则，思考质量的下降将使得许多以往的时间投入无法发挥作用。换言之，如果我们以一种重复劳动的心态对待需要思考和创见的工作，那么最终这项工作只能以重复劳动的结果呈现出来。而事实上，保持足够的精力、健康的心态、有效的思考和敏捷的应对是大多数工作所必需的，毕竟重复性的机械劳动是有限的。国际劳工组织的一项研究表明，在重复性劳动占较高比重的制造业领域，较短的劳动时间和较好的休息也能显著提高劳动者和企业的生产率水平。而且，随着中国产业的转型升级，重复性、机械性的劳动比例降低应当成为一个长期的趋势。在这种情况下，降低劳动时间将成为提高企业生产效率的一个合理选择。除了改善生产过程中的效率，缩减劳动时间还能够降低企业的管理成本。过长的劳动时间会大大加强生产组织中的对抗性，影响劳动者的心态和对企业的态度，这既是大多数人能够直观体会到的现象，也被研究证实。网络上之前有许多劳动者加班导致心态崩溃的视频，让劳动者在加班路上崩溃哭泣的企业的劳动氛围恐怕不会有多健康。在过度提高劳动时间之后，很多企业管理的重点很可能已经从"管理"和"组织"转向了"控制"和"压迫"，并为此付出了许多额外的代价。

　　缩短劳动时间在微观上的第三个好处非常直观，是对劳动者健康的改善。国

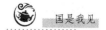

际劳工组织的另一项研究系统地确认了较长的工作时间对健康可能造成的负面效果，这种效果包括急性疲劳效应和慢性疲劳效应两方面，慢性疲劳可能与长期的健康风险有关。其实，对加班与健康风险之间的关系我们在日常生活中很容易能够体会到，因为加班不仅会导致身体的疲劳，还会影响人的作息习惯、工作中防范风险的注意力和保持心理健康的能力。从根本上来说，保持社会成员整体的健康本身是经济发展的目的。即便提高劳动时间、牺牲人的健康能够加快经济增长，也往往是得不偿失的。更何况我们刚才已经提到，在现在的宏观环境下，更多的劳动时间可能仅仅意味着更低的工资、更低的有效需求和更慢的增长。实际上，工作时间过长引起平均健康水平的恶化，将意味着家庭不得不将更大部分收入用于维持健康，而整个社会则必须将一部分劳动和生产资料用于医疗健康方面的服务，这尽管会让这个行业的规模扩大，但是实际上这类似于环境污染治理行业的发展，是把本来可以用更少的资源达到的目的，通过更加曲折的方式实现了，类似于"先污染，再治理"的思路。即便不考虑在这个"弯路"上劳动者所承担的主观上的痛苦，也仍然是一种资源的浪费。

三、劳动时间与性别平等

缩短劳动时间除了能够助推增长，提高资源利用效率以外，还能带来一些经济以外的进步，其中一个就是促进性别的平等。在当前社会的性别分工当中，女性劳动者往往需要承担更多家庭劳动，这些劳动尽管实实在在为家庭提供了使用价值，但是其无法通过商品交换和劳动力出卖获得货币收入而导致重要性被低估。更多的家庭劳动也会阻碍女性劳动者在劳动力市场上获得更好的就业机会，毕竟对于平均工作时间很长的工作，女性更难以付出足够多的劳动。但是如果平均劳动时间能够降低，那么女性进行家庭劳动时间就更长，女性在就业市场上面临的限制就会更少。并且已经有研究表明，更短的工作时间也能够让男性更多地参与到家庭劳动当中，从而对性别分工产生影响，从更深层次促进性别平等。

四、劳动时间、消费主义与环境

当代的环境问题往往被认为与消费主义的蔓延有很大的关系。消费主义者通过把生活理解为消费，把使用理解为占有的方式大大增加了人对资源环境的消耗。这种消费主义的蔓延从本质上来说当然是资本逻辑主导社会运行的结果之一，对于这个宏大的论题，相当多的学者曾经有过讨论，我们在这里不打算展开论述。但是在资本塑造消费主义的诸种机制当中，延长劳动时间是重要的一环。最首要的事情是，延长劳动时间是消费主义的重要目的，当劳动者以货币、消费和消费场所定义自己时，他就更有动力加入布若威所说的"赶工游戏"当中，为了更高的工资而自愿压榨自己的劳动能力。尽管从"赶工游戏"的逻辑来看，当工人为了更高的工资拼命工作时，所有人都如此行事，最终反而导致劳动供给上升，每单位劳动时间的工资反而下降了，工人未必能得到他想要的，或者至少未必能够得到他设想中的成果。换言之，消费主义实际上把劳动者们驱赶进了"赶工游戏"的囚徒困境之中。

延长劳动时间并不仅仅作为消费主义的某种最终结果出现，二者实际上是互为因果的。在《资本论》当中，马克思曾经论述过这样一个命题：劳动时间的提高和劳动力价值之间存在一种非线性的关系，劳动 12 个小时的人的劳动力价值并不是劳动 6 个小时的人的两倍，而可能超过两倍。所谓劳动力价值，不熟悉政治经济学的读者可以将其理解为再生产劳动力的成本。或者说，是使一个劳动力能够维持其家庭和人口的延续，获得必要的劳动技能，并过上在这个时代被认为是正常、体面的生活所需要付出的成本。劳动时间和劳动力价值之间的这种非线性关系，除了我们之前说的工作时长与健康的关系带来的医疗方面的支出以外，另一个可以观察到的现象就是我们不得不通过购买更多的商品和劳务来维持日常的生活。如果劳动时间过长，我们不得不将更多的家庭生产活动交给机器或者拿着机器的服务人员以节省时间，增加一次性用品的使用，并试图用各种方式加快那些"耽误时间"的进程。通勤的时间尽管因资本对空间的重塑大大加长了，但是并不妨碍我们在工作占据了几乎全部时间之后渴望通过用私家车替换公共交通的方式对其进行压缩。现在有很多人在网络上展示着自己在周末利用空闲时间烹饪美食、整理房间、外出散心或者侍弄花草的生活，并收获人们的"点赞"。如果劳动时间能够逐步缩短，就会有更多的人能够在工作日下班之后也加入这种与消费主义背道而驰的生活方式。

过长的工作时间加重了劳动者在工作中的"异化"，而这也让劳动者更容易被消费主义捕获。劳动是一种根据主观目的改造客观现实的活动。但是在当代资

本控制下的劳动，经历了劳动过程与劳动目的的分离，劳动成果与劳动者的分离，分工协作的劳动者之间的疏离。所以，说严重一点，劳动者实际上在劳动过程中被工具化了。马克思曾经在《雇佣劳动与资本》中一针见血地指出，"一个工人在一昼夜中有 12 小时在织布、纺纱、钻孔、研磨、建筑、挖掘、打石子、搬运重物等，对于他来说，这 12 小时的织布、纺纱、钻孔、研磨、建筑、挖掘、打石子能不能被看成是他的生活的表现，是他的生活呢？恰恰相反，对于他来说，在这种活动停止以后，当他坐在饭桌旁，站在酒店柜台前，睡在床上的时候，生活才算开始"。也就是说，对于一个企业的管理者而言，工作可能是他的"事业"，是人生价值的体现；而对于许多劳动者而言，工作只是谋生的手段，或者套用目前流行的话语来说，上班时其实是"工具人"，下班后才是真正拥有自由的"人"。显而易见，在异化劳动不太可能短期改变的情况下，越长的劳动时间意味着劳动者自我拥有的时间越短，以自身的意志和兴趣活动的时间越少，也就越难以通过自我的活动给自己的生活赋予意义，生活更不容易被定义为自己的创造与自己的交往，也就更容易被定义为自己的消费。通过一个人的消费或者购买来定义一个人的品位、志趣和社会网络恰恰是消费主义的核心特征之一。

五、结 语

总的来说，劳动时间的长短问题在目前看来并不是"闲暇"和"消费"之间的权衡取舍，缩短劳动时间不仅能够让劳动者获得更多的休息，还能够提振总需求、促进经济增长。不仅如此，还能够让经济更加平等、更加高效甚至是更加环保。而这与我国未来一段时间追求的发展目标是正好契合的。其实，只要我们跳出狭隘的经济当事人的角度去观察劳动时间与经济活动之间的关系就会发现，许多事情并不是真的权衡取舍，而是可以兼而得之。从工业革命以来，劳动者的劳动时间总体是在降低的，但是这不妨碍人类创造更多的财富和社会实现更大的进步。借助马克思本人的洞见，就会发现，劳动时间的缩减恰恰是人类从自然的束缚中摆脱出来，实现"自由全面发展"的前提。

（作者为武汉大学经济与管理学院教授）

技术进步怎样影响收入分配？

张　琦

技术进步是推动经济增长的重要力量，经济学界对此已达成共识。然而技术进步对收入分配的影响究竟如何？经济学家的回答却并不统一。本文拟结合经济学和经济史的最新相关研究成果，对这一问题进行简要分析。

现象：技术进步与收入差距扩大并行

过去二十年，人们见证了互联网时代"造富"的惊人速度。从最早一批做网站的人开始，到做软件、电子商务、网络游戏、手机 App，再到"网红主播"出现，产生亿万富豪的速度似乎也越来越快。众所周知的几位"直播带货"的头部网红，白手起家积攒起几十亿、上百亿元财富，只用了短短几年时间。另一方面，这一时期总体的收入差距也在不断扩大。除了行业顶端的少数富豪之外，上千万快递员和几百万外卖员，同样是互联网技术催生的新兴职业。此外，还有更多的人因为自动化、数字化、电子商务等技术的扩散，失去了原有工作或无法找到满意的工作，不得不成为"灵活就业者"中的一员。将时间向前稍加追溯，可以清晰地看到 20 世纪 80 年代以来，世界主要国家都经历了收入差距的扩大。

根据"世界财富与收入数据库"的数据，1980 年美国最富 1% 人群税前收入占全部国民收入的比重为 10.4%，最富 10% 人群税前收入占比为 33.9%，底部 50% 人群税前收入占比为 20.1%；随后，前两组顶层收入者收入占比不断上升，而底部收入者收入占比不断下降；至 2021 年，这三组人群的收入占比已变为 19.1%、45.6% 和 13.6%。同样根据该数据库，1980 年中国顶层 1%、10% 和底

部 50% 人群税前收入占比分别为 6.6%、27.9% 和 25%。伴随改革开放的进程，总体上前两组高收入人群占比也在上升，而底部收入者收入占比也不断下降，至 2015 年，这三组人群的收入占比分别为 14%、41.7% 和 14.4%。顺便说一句，该数据库显示，2010 年之后中国高收入人群（顶层 1% 和 10%）收入占比略有下降，而底部 50% 人群收入占比略有上升。

20 世纪 80 年代以来世界主要国家出现的收入差距扩大，与这一时期以计算机和信息技术革命为核心的创新浪潮高度重合，于是一个自然的问题是：技术进步是否会拉大收入差距？

以研究经济增长理论闻名的法国著名经济学家阿吉翁（Philippe Aghion）对这一问题持乐观看法。

理论上，根据熊彼特的"创造性破坏范式"，创新者可以获得创新租金，从而拉大和其他人的收入差距。另一方面，创新也会摧毁旧的租金，提高社会流动性，通常有助于降低收入不平等。因此创新对收入分配的影响，取决于这两方面作用的消长。这也符合我们的直觉。互联网时代，一方面造富速度比工业时代快得多，一夜暴富的例子此起彼伏，且"赢家通吃"效果更加明显。另一方面，互联网技术具有"多中心化"或"去中心化"的特征。特别是互联网平台出现以后，无论是网店的爆款商品还是直播带货的"网红"，都表现为"其兴也勃、其亡也忽"，生命周期更加短促，很快就被新的"网红"取代。那么，加剧收入不平等和提高流动性，哪个是创新的主要后果？

在新著《创造性破坏的力量》（中译本已由中信出版社出版）中，阿吉翁认为创新不会加剧收入不平等。具体来说，若以最富 1% 人群的收入占比来衡量不平等，那么创新确实推高了不平等，创新导致最富 1% 人群的收入占比上升了。阿吉翁认为这可以用创新者获得新的租金来解释。但是，除去最富 1% 人群之外，以基尼系数衡量的其余 99% 人群的不平等程度，却并未随着创新的活跃而上升。他认为这是创新带来的社会流动性增强所致。

但上述结论仍有可商榷之处。首先，从总体而不是剔除最富 1% 人群的收入分配来看，创新确实拉大了收入差距。阿吉翁上述研究使用的是 1980—2005 年美国的数据，这一时期与计算机与信息技术革命浪潮恰好重合，总体收入分配状况符合前面提到的"赢家通吃"现象。其次，即便创新的活跃与其余 99% 人群的基尼系数不相关，也不代表这一时期基尼系数没有变化。仍根据"世界不平等数据库"的数据，1980—2005 年，美国个人税前收入的基尼系数从 0.54 上升到 0.6；其后继续波动上升，2019 年已达 0.62。世界其他主要国家也有类似趋势。更重要的是，简单地用一定时期的专利数量来衡量"创新密度"，掩盖了不同类型的技术进步。

区分：使能技术和取代技术

早在 20 世纪 30 年代，经济学家就注意到了两种类型的技术进步，或技术进步的两种效应。一种是可以提高劳动生产率的技术进步，有了这样的技术，劳动者可以更高效、更省力地完成原来的工作；另一种是取代劳动的技术进步，顾名思义，这类技术可以替代劳动完成原有工作。两类技术进步对企业来说都有"节省劳动"（labor-saving）的好处，但对劳动者的意义却大不相同。前者只是提高了劳动者的工作能力和工作效率，而后者则大幅减少劳动的使用，甚至完全取代劳动力。所以，从技术对劳动的影响来划分，前者可称为使能技术或赋能技术（enabling technology），后者则称为取代技术（replacing technology）。

从技术进步对收入分配的影响来看，使能技术提高了劳动生产率，或者说，"在其他条件都不变的情况下"，其提高了劳动的边际产量。我们知道，在竞争性市场中，劳动的价格即实际工资等于劳动的边际产量，所以从收入分配的角度来看，使能技术可以提高劳动者的工资，进而提高劳动在国民收入中的份额。第一次工业革命时期的蒸汽机，第二次工业革命时期的电动机，以及第三次科技革命时期的电子计算机，都是使能技术的例子。现在人们普遍使用电脑打字，几乎告别了手写；有的报纸杂志社、出版社已不接受手写稿，只接受电脑录入的稿件；日常工作和生活中的大量文档、表格均需在电脑上完成。然而就在二十年前，日常书写仍然以手写为主，当时笔者有一部书稿就是以手写完成，然后交给专门从事文字录入的人员帮忙输入电脑。那时，一方面是因为电脑输入法没有后来这么方便和智能，更主要的原因是，个人电脑相对于普通人的收入来说仍然比较昂贵，远不如现在这样普及。电脑打字大大提高了写作和办公效率，却并未大幅减少劳动力的使用；虽然打字员这一传统职业消失了，但现在人人都是兼职打字员。

取代技术对收入分配的影响则不同。大幅减少劳动甚至完全替代劳动的后果

是原有工作岗位的消失和人的失业。这种失业与传统的"结构性失业"虽有相似之处，本质却不相同。结构性失业是指经济的产业结构、区域结构等发生变化，导致劳动力供给与需求不匹配的失业现象。例如以矿产资源的开采、提炼和加工及其配套服务为主要产业的地区，一旦资源枯竭，原有产业工人就会遭遇结构性失业。囿于其知识、技能、观念等，这些人短期内无法充分适应新的产业需求。所以，包括资源枯竭型城市在内，世界各地的"铁锈地带"往往伴随着庞大的结构性失业人群。不过，结构性失业并不必然意味着就业总量的萎缩。结构性失业者通过技能培训和心理建设，假以时日，理论上总能重新找到工作而告别失业。

取代技术导致的失业，可能并不仅仅是短期的劳动供求不匹配，而是永久性失业。取代技术会影响众多行业而不仅限于某个行业，由此导致的劳动需求下降是整体的而非结构的。失业的增加，当然意味着劳动收入占国民收入中份额的下降，进而恶化收入分配格局。这正是人们对技术进步负面作用的担心所在。大量自动化、人工智能技术都是典型的取代技术。ATM 机（自动取款机）、ETC（电子收费系统）、人工智能客服等技术的普及，导致银行柜员、收费员、人工客服等工作岗位数量锐减甚至近乎消失。这些工作涉及的往往是低技能、重复性劳动，因此员工失业后很难找到更高工资的工作，无奈之下或许只能成为"灵活就业者"。

分析：理论框架与历史经验

前面的分析表明，技术进步特别是取代技术一方面赋予少部分人"创新租金"，另一方面取代劳动导致失业者收入下降，一增一减，收入差距拉大似乎是必然的。顺便说一句，凭借技术进步获得超高收入的并不都是创新者，例如"网红主播"。他们之所以能获得超高收入，并非因为比过去的沿街叫卖者更辛苦、更努力或叫卖水平更高，而是恰好赶上了互联网时代，可以同时向成千上万的受众传递信息，过去走街串巷的商贩就没有这样的好运气。所以，互联网技术是创新，但网络直播不是。技术进步拉大收入差距的机制在于减少了劳动需求，因此在劳动供给不变的前提下，劳动市场上的均衡价格——工资会下降，同时失业将上升。

这听起来像是"机器取代劳动"的老生常谈。然而不少经济学家都认为，历史上每一次技术进步最终都增加了劳动需求，提高了工资，所以不必过分担心未来"机器人和人抢工作"。经济学告诉我们，技术进步是推动经济增长的重要力量，随着国民收入持续增加，需求也会不断增加，新的需求也会不断出现，进而创造新的职位，最终将增加劳动需求，提高工资。

那么，究竟应该如何理解技术进步对劳动需求的影响？从历史和现实来看，技术进步减少劳动需求是事实，增加劳动需求也是事实；拉大收入差距是事实，通过"涓滴效应"惠及所有阶层也是事实。技术进步对劳动需求进而对收入分配的影响，取决于这两种方向相反的力量的相对强弱。

近年来，经济学家阿西莫格鲁（Daron Acemoglu）等人对这一问题进行了深入研究。尽管考察的是人工智能（AI）和机器人等自动化技术对劳动需求的影响，但其分析框架对一般意义上技术进步的影响同样适用。阿西莫格鲁承认，自动化技术对员工的工作任务具有很强的取代效应（displacement effect）。取代效应意味着，自动化带来的人均产出的增加，并不会导致劳动需求的同比例增加。所以工资和人均产出会出现背离：人均产出的上升伴随着工资的下降，进而国民收入中归于劳动的份额下降。

阿西莫格鲁归纳出几种与取代效应相抗衡的力量。一是生产率效应，即前面说过的技术进步降低生产成本，推动经济增长，进而增加劳动需求。二是资本积累效应，即技术进步提高了对资本的需求，进而提高劳动需求。三是自动化深化（deepening of automation）效应，即自动化技术不仅取代了原有的劳动任务，还会提高已经自动化的机器设备的生产率，随后其作用机制就类似于生产率效应，同样会增加劳动需求。但是，这些力量仍然不足以抵消取代效应导致的劳动需求减少，所以国民收入中归于劳动的份额仍然会下降。

阿西莫格鲁认为，除了上述几种力量之外，真正能够直接抗衡取代效应、增加劳动需求并提高劳动收入在国民收入中份额的，是技术进步使得经济体创造新的工作职位的能力，作者称之为复职效应（reinstatement effect）。这些职位仍具有劳动密集型的特点，劳动相对于资本来说具有优势。阿西莫格鲁提出的"复职效应"在历史上并不罕见，尤其是19世纪下半期开始的以电力和内燃机为核心的第二次工业革命，不仅极大地促进了经济增长，同时还创造了大量新的工作职位，如企业管理者、工程师、维修工、后勤人员、财务人员等。但问题在于，技

术进步的"复职效应"即创造新职位可能并非一蹴而就，对于受取代技术影响
而失业的人来说，这一过程是缓慢而痛苦的。他们再次进入新的行业、接受新的
工作任务往往需要接受再培训，找到与自己相匹配的工作或许要花很长时间。更
严重的问题是，新的技术与工人旧有技能之间可能并不匹配，由此导致劳动需求
的调整过程更加缓慢，并拉大收入差距；同时，这种不匹配也削弱了技术进步带
来的生产率的提升。

可见，即便复职效应"最终"可以抵消取代效应，增加劳动需求，提高工
资，缩小收入差距，但这一过程可能十分漫长。某些乐观的经济学家总喜欢讲
"长期"如何，但正如凯恩斯所说"长期来看，我们都死了"。对那些不幸被技
术进步"取代"的失业者来说，"长期"可能就是一辈子。

这并非夸大其词，经济史学家弗雷借助阿西莫格鲁的上述理论框架，在其
新著《技术陷阱》（中译本已由民主与建设出版社出版）中对历次工业革命进
行了考察。第一次工业革命时期，1780—1840年，工人的人均产量增加了
46%，但实际周薪仅上涨了12%；同一时期还伴随着工作时间的延长，因此工
人的实际工资（每小时工资）反而下降了。这一时期，正如青年恩格斯在
《英国工人阶级状况》（1845年出版）一书中所提到的，工厂主阶级"直接靠
工人的贫困发财"。事实的确如此，第一次工业革命的增长收益主要由资本所
有者获得，劳动收入在国民收入中的占比不断下降，收入差距扩大了。弗雷认
为，原因之一就在于第一次工业革命的技术进步主要是"取代技术"。如果从
18世纪60年代"珍妮纺纱机"问世算起，到恩格斯出版《英国工人阶级状
况》，时间长达80年！足够覆盖多数人的一生了。自19世纪中叶起，英国的
工资增速逐步反超总产量增速，人力资本的重要性日益上升，这就在于技术进
步开始转向"使能技术"。这也是第二次工业革命与第一次工业革命的重要区
别之一。

对当下的启示

当前的人工智能、大数据、自动化等技术变革，更像第一次工业革命还是第
二次工业革命呢？阿西莫格鲁和弗雷都认为，更像第一次工业革命，即主要是取
代技术而非使能技术。这就意味着，我们必须积极采取行动，来抗衡"取代效

应"可能的消极后果，尤其是收入差距的扩大。要做的至少有两方面，一是通过改革财税制度、社会保障制度，将整体税制结构由累退扭转为累进，并加大转移支付和再分配力度，切实压缩收入差距；二是改革教育体系，缓解新技术与旧技能之间的不匹配，缩短劳动需求的调整时间。只有这样，才能避免重蹈第一次工业革命的覆辙，使新一轮技术进步特别是当前朝野上下力推的"数字经济"真正造福于各个阶层。

（作者为中国社会科学院经济研究所副研究员）

大学生为什么就业难？

刘宝宏

就业是民生之本，是国之大事，不仅关乎百姓生计，更关乎社会安定。近年来，我国高校毕业生规模逐年扩大。据教育部统计，2022年中国高校毕业生将达到1076万人，比2021年增长167万人，首次突破千万大关。与之对应，国家统计局最新发布的数据表明，2022年4月全国城镇调查失业率升至6.1%，其中16—24岁青年人的失业率达到18.2%，明显高于总体6.1%的水平，创有历史数据以来最高。毕业生规模攀升与失业率历史最高之间的巨大反差，让大学生就业难成为社会各界普遍关注的问题。

就业率是反映就业难易程度的最直观指标。由于我国大学生就业率统计与发布都遵循宽口径，"就业"不仅包括受雇工作，还包括自主创业、读研、考公务员以及灵活就业（比如当网络主播）等多种形式。因而，为便于分析，也更与常识相符，本文的就业限定于"企业就业"，即大学生毕业后在劳动力市场获取职位。据麦可思研究院连续多年发布的《中国本科生就业报告》，大学生"企业就业率"从2015年至2020年，依次为75.2%、75.1%、74.4%、73.6%、71.9%。连续下降的数据说明，大学生就业难度一直很大且逐年提升。智联招聘发布的《2022大学生就业力调研报告》显示，4月中旬，有求职计划的应届毕业生中，仅46.7%已收获入职通知，低于2021年的62.8%。这预示着，今年可能是大学生"史上最难就业季"。于是，我们不禁要问：大学生就业为什么这么难？

一、供需分析的不足

供需分析是整个经济学的基本工具，也是分析就业问题的常见思维。按照供需分析，大学生是一种待价而沽的特殊商品，是劳动力市场的供给方，用人单位则是需求方。因而，"就业"可理解成一个供给与需求的匹配过程。供需匹配成功，则意味成功就业，反之则是"失业"。因此，主流就业理论主要从"供给侧"与"需求侧"及两者匹配过程三个角度展开。比如，有人说，大学生就业难是因为供给量增加，包括"大学扩招"导致大学毕业生数量逐年扩大，海外留学生回国求职数量增加等，这就是供给侧分析；还有人说，大学生就业难是因为需求量减少，包括疫情冲击、最低工资法引发的"工资刚性"等因素导致企业用人数量减少，这是需求侧分析；还有人说，大学生的技能水平等质量与用人单位需求不符，大学生求职渠道匮乏导致供需双方沟通不畅等，提升了大学生就业难，这则是从供需匹配过程来分析。当然，大部分人会说，大学生就业难是以上各种原因综合作用的结果。这当然没错。

看待问题的不同角度，通常决定着不同的政策思路。供给侧角度，通常会建议大学生直面现实，调整心态，降低期望，甘愿到"艰苦地区"去。需求侧角度，则会建议用人单位担负起社会责任，积极吸纳大学生就业，政府相关部门则要对用人单位给予各种税收等补贴。供需匹配角度，则建议作为大学生培养机构的大学要适时调整培养方案、专业设置与教学方法，提升大学生质量与企业需求吻合度；同时，积极搭建各类就业平台，给予大学生就业指导，促进供需匹配等。

供需分析虽然简单明了，但未能解释大学生就业难的根本原因，甚至过于强调一些短期因素。比如近几年疫情对大学生就业的影响，其实际影响程度可能与普通大众想象的相差甚大。原因在于，受疫情影响较大的岗位根本就不是大部分大学生心仪的求职目标。根据王丹（《如何看待中国当前的就业形势》）的分析，疫情后就业受到最大冲击的主要是私营企业和中小微企业，国企和大型股份制公司受到的影响很小。而42.9%的大学生的就业偏好，则主要是受疫情影响很小的公务员、事业单位、国有企业等体制内单位（李秀玫等：《在物质主义和后物质主义之间——后疫情时代大学生就业态度的变化》，见《文化纵横》2021 年第1

期）。所以，把大学生就业难归咎于疫情影响可能有点"喧宾夺主"。实际上，如前述麦可思报告所示，大学生就业难并非近年才出现的新现象，而是一个长期现象。所以，分析大学生就业难，不能局限于供需框架的"宏观分析"，还应深入企业雇佣决策的"微观环境"中去；我们不仅要看到"短期变量"，更要深入分析一直存在的"长期常量"。

二、"结构性矛盾"的根源

"结构性矛盾"是影响大学生就业难的"长期常量"。所谓"结构性矛盾"，通俗来说就是大学生的技能水平未达到企业需求，是供给方与需求方在劳动力"质量"上的不对称。中国劳动力市场上的求人倍率指标即显著反映了这一状况。求人倍率是劳动力市场在一个统计周期内有效需求人数与有效求职人数之比。当求人倍率大于 1 时，说明职位供过于求；如果求人倍率小于 1，说明职位供不应求。根据周灵灵（《数量压力与结构矛盾：新发展阶段的就业特征、挑战与应对》，见《行政管理改革》2022 年第 4 期）的研究可知，2021 年第二季度，全国 83 个城市公共就业服务机构市场供求信息显示，市场对具有技术等级和专业技术职称劳动者的用人需求较大，高级技师、技师的求人倍率分别高达 3.11 和 2.68。这表明，大学生就业难，主因并非企业没有需求，而是确实存在"结构性矛盾"。问题是，这种"结构性矛盾"是如何产生的？

根据人力资本理论，人力资本可分为通用人力资本与专业人力资本两类。前者是指员工所拥有的适用于所有企业的技能、知识、经验等；后者则是指只对当前企业有价值的员工的技能、知识、经验等。一般来说，通用人力资本主要通过学校正轨教育来培养。一方面，学校教授的知识与技能大多属于"一般规律"等明示知识，不太可能教授某个行业或企业的专门知识；另一方面，由于担心"前人栽树后人乘凉"的外部效应，企业也没有动力培训员工适用于所有企业的知识与技能。与之相反，专用人力资本由于只适用于特定企业，且大多属于"只可意会不可言传"的意会知识，所以基本上都是由企业通过"在职培训"以及员工的"干中学"等方式来培养。可以理解，一个高技能"成品"员工，不但要具备通用人力资本，还必须具有一定的专用人力资本。但人力资本培养路径的不同又意味着，一个"成品"员工，需要学校正轨教育以及企业培训、员工

"干中学"等共同培养。从这一角度看，大学生在校接受教育主要是为了培养通用人力资本，其走向就业市场时只是一个"半成品"，不可能具有太多企业所需的"专门技能"，其"动手能力"更多需要就业后通过"干中学"以及"在职培训"来逐步培养。

大学生就业市场"结构性矛盾"的根源就在于企业没有或不愿承担起培养大学生专用人力资本的职能。这从中国企业的员工培训费用花费上可窥一斑。根据国家统计局发布的《第四次全国经济普查系列报告之十二》推算，2019 年中国全部企业就业人数约 29668 万人，全部员工培训费用是 1.1 万亿元，人均年培训费用是 2707 元。与之对比，根据美国企业培训行业报告可知，2019 年美国企业人均年培训费用是 1307 美元，换算成人民币大约是 7842 元，几乎是中国企业的 3 倍。显而易见，中国企业在员工培养上较之还有不足之处。这不但说明，中国企业可能没有承担起自身的人才培养责任，而且也揭示出大多数企业还是一味希望在劳动力市场上实现"按需采购"。这就必然与大学生天然的"半产品"性质冲突，从而产生所谓的"结构性矛盾"。实际上，很多企业要求求职大学生有"工作经验"，这本身就是一个悖论：大学生还未工作，哪来的工作经验？因而，我们必须进一步追问，中国企业为什么不重视员工培训？

三、"低成本思维"陷阱

中国企业对员工培训不够，与"低成本思维"有很大关联。在低成本竞争战略下，企业主要通过流水线生产方式实现规模经济，生产线上的员工类似于一个个节点上的"标准件"，只要按照指令进行操作，即可实现效率最大化。在这种生产模式下，企业需要员工提供的人力资本主要是通用人力资本，尤其是体力、精力、气力等简单劳动能力，并不需要员工具有多么丰富的经验以及临场发挥等专用性人力资本。与此同时，员工也按照流水线上的岗位设定划分为不同的专业以及级别，比如电工、车工等，电工又可分为一级、二级、三级等。由于员工专业化甚至标准化，企业便可根据经营状况的需求随时到就业市场雇佣所需数量的员工。自然，企业也没有动力与必要提供太多的"在职培训"，提升员工的专用性人力资本。这方面的典型案例是 20 世纪 20 年代的美国福特汽车公司。

与流水线大规模生产相反的，是以日本丰田汽车为代表的精益生产模式。在这种模式下，日本企业的员工不是通过外部市场招聘的，而是主要通过内部培养与提拔的。袁宝华于 1978 年考察日本，就敏锐地发现"培养人才是日本经济高速发展的重要因素之一，普遍受到国家、社会和企业的重视……日本企业实行全员培训的方针，采用现场培训、业余教育、脱产轮训以及个别深造（送员工到大学进修或到国外学习）等培训方法，强调以现场培训为主……新工人入厂后，一般都要经过半年训练，专业性强的要经过九个月到一年的教育培训"。日本企业之所以如此重视内部员工培训，是因为其"又好又便宜"的企业竞争战略。日本国内资源匮乏与市场狭小，迫使日本汽车企业必须进军国际市场，而国际市场上的"老大"即以福特为代表的美国汽车企业。由于美国企业以流水线大规模生产的"低成本"为基本竞争战略，所以，日本企业若要在竞争中胜出，就必须要"便宜"且能克服流水线生产"花色品种单一"的弊端。正是在这种"又好又便宜"竞争战略指导下，日本企业创新出了精益生产模式。在这种生产模式下，员工不再是流水线上一个个"标准件"，而是成为适用于企业特定产品生产所需的"一专多能"的人。此时，员工最主要的技能不是通用人力资本而是专用人力资本。因而，企业不可能通过市场公开招聘来获取员工，而是必须通过内部培训来培养员工。

令人遗憾的是，中国很多企业还陷于"低成本思维"陷阱，并未把培养员工提升到重要位置。虽然在信息传输、软件和信息技术服务业，金融业，科学研究和技术服务业等行业，一些意识先进的企业已经通过创办"企业大学"、"师徒制"、"轮岗制"等方式培养人才，但根据周灵灵（2022）的统计，第一产业就业人员的受教育程度仍以小学和初中为主，高中及以上学历人员目前只占 8% 左右。第三产业中的住宿和餐饮业，居民服务、修理和其他服务业的高学历就业人员比重仍很低。例如，2019 年住宿和餐饮业从业人员中，大专及以上学历人员只占 10.1%，只比 2010 年提高了 3.8 个百分点。可以预见，随着中国经济与企业转型速度加快，这类依然沉湎于"低成本思维"的企业，将难以面对大数据、人工智能、虚拟现实等新技术挑战。更值得注意的是，由于很多企业或明或暗地把大学生培养责任推给了大学等培养机构，其对国家与社会长远发展可能产生的负面影响不可不防。

四、大学"实用化"的后果

大学成了中国企业不重视培训的"替罪羊"。普遍流行的观点是，大学生就业难的"结构性矛盾"，是大学等培养机构未能适应市场变化，未能适时调整专业以及课程设置等造成的，其培养的人才不能满足社会需求。在这样的观点裹挟下，大学越来越追求"实用化"。

大学"实用化"的典型表现，一是大学"办学职业化"，二是学生"学习功利化"。办学职业化体现在：专业课程设置上"与时俱进"，对"就业率"不高的专业亮"红牌"或直接砍掉；教学方法上，则耗费巨资建设各种类型的"实验室"，尤其是之前相对数量不足的人文社科与经管类实验室；再就是不断强化"实践教学"，大有向"职业教育学院"演化之势。学习功利化则体现在：很多大学生觉得理论学习没用，因而把大部分时间用于"考证"，甚至逃课去企业实习。总而言之，大学生学习一切围绕着"找工作"进行。毋庸讳言，大学办学乃至大学生学习，确实需要与时俱进，比如，随着大数据时代来临，开设"数字化营销""金融科技"等新课程或新专业，但是，完全以"就业率"为导向来办学、来学习，难道不是偏离大学教育的初衷吗？与创新型中国的未来不冲突吗？与大学培养"全面发展的人"的目标不违背吗？

"社会分工"是整个社会进步以及经济繁荣的基石。正如亚当·斯密《国富论》开篇所言，"劳动生产能力上的最大改进，以及生产能力中所包含的大部分技术、灵巧和判断力，几乎都是分工的结果"。在培养人才尤其是培养大学生上，同样应该如此。按照人力资本理论，不同的人力资本需要不同的培养路径。培养通用人力资本，是大学的基本职责；培养专用人力资本，则需要企业承担起主要责任。大学和企业，各司其职，培养大学生能力的效率才会最高，大学生就业市场的"结构化矛盾"才能根本消除。否则，不但企业难以招聘到真正所需的人才，大学乃至大学生都会在就业率的驱动下异化、走样。无疑，这将损害整个国家与社会的未来。值得三思，值得警惕！

（作者为东北财经大学工商管理学院副教授）

经济学是科学吗？

彭 波

经济学是科学吗？这个问题长期以来受到广泛关注，但是至今没有公认的答案。笔者不揣浅陋，也想就此谈一谈自己的看法。

笔者认为：经济学不是科学。

一、经济学和科学的定义

（一）经济学定义自己是科学

新古典主义经济学奠基人之一的马歇尔指出，"经济学构成了社会科学的一部分"。经济学家莱昂内尔·罗宾斯定义，经济学是一门研究资源稀缺条件下人类在配置资源方面是如何行为的形式化的社会科学。

中国经济学家冒国强定义经济学："经济学是一门研究在资源稀缺和个体信息不对称的情况下如何决策的社会科学……"刘厚俊认为："经济学是研究个人和团体从事生产、交换以及对产品和劳务消费的一种社会科学。"

萨缪尔森相信经济学既是科学也是艺术："经济学含有的科学成分永远和它含有的艺术成分一样多。"

但是，经济学真的是科学吗？

（二）什么是科学？

对于什么是科学，现在并没有一个准确公认的定义。但是，有一些较为权威的观点。

英国哲学家卡尔·波普尔认为科学与非科学、伪科学的区别在于是否具有可证伪性。美国科学史家、科学哲学家托马斯·库恩认为，科学与伪科学的区分在于是否在范式指导下从事解决疑难的活动。占星术之所以是伪科学，主要是由于占星学家没有建立统一的范式。科学哲学家拉卡托斯提出能够不断预见新事实的理论是科学的，不能够预见新事实的理论是非科学的。

中国当代科学哲学研究者吴国盛认为："对西方科学哲学家来说，'科学'的指称是清楚的，就是在近代欧洲诞生的以牛顿力学为代表的自然知识类型。"

总结上述权威观点，笔者认为：科学是研究可以重复的客观规律的一种学问或者说一类研究范式，其特点是对事物的本质可以进行较为准确合理的描述，且对未来可以进行较为精确的预测。准确描述和精确预测这两者之间可以相互保证，即如果没有准确描述，就不可能精确预测；做不到精确预测，就不能证明其描述是准确的。准确描述和精确预测这两者又都依赖于研究对象的可重复性。如果研究对象不具有可重复性，就不可能进行准确描述和精确预测，也无法证伪。

二、经济学不是科学

比较上述科学的内涵，可以明确得出结论：经济学不是科学。因为经济学具有如下与科学基本要求相背离的一些特点。

（一）经济学的模型大都不符合现实

一种普遍的现象是，经济学家为了数学模型的简洁美观，普遍会做出明显不符合现实的假设。有什么样的假设，就会推导出什么样的结果。反过来，需要什么样的结果，就可以做出什么样的假设。假设不合理，结果当然也不容易正确。

经济学最著名的基本假设是理性人假设，认为人是完全理性自利的，会深思熟虑各种可能性，采取最优的方式实现自身利益最大化这个目标。但是，就现实而言，我们可以明确说，这样的理性人根本不存在。在人类中，其实更多的是非理性的行为人。更重要的是，人也并非完全自利。这是第一个偏离真相的基本假设。

第二个重要的偏离真相的基本假设是关于市场的性质。经济学通常认为市场可以自发平衡，把背离市场均衡的现象归结于外界的冲击，而不承认市场可能是内在不平衡的现实。这更多是一种信仰，而非科学。经济学通常还认为市场是最有效的资源配置方式。但是，这大致也只是个经验，并不一定完全正确，且经济

学并没对市场的本质内涵进行清晰的表述。

物理学也经常简化假设，但是在假设并进行数据推导之后，物理学家会谨慎地验证这种假设是否和现实世界相吻合。但是，经济学家们通常不做验证，而是从假设直接跳到现实分析。

（二）经济学不具有精确的预测能力

有较为精确的预测能力是科学的基本条件。一个科学假说取代前一个的最有力理由就是它的预测能力更强。诺贝尔经济学奖得主米尔顿·弗里德曼写过《实证经济学的方法论》，提出经济学的模型是否脱离现实并不重要，重要的看它能否对现实给出有效的预测。对此，另一位诺贝尔经济学奖得主保罗·克鲁格曼的回应是：经济学并不能有效预测现实！巴菲特曾经说过：我这辈子没有见到过一个预测准确的经济学家。

经济学不具有精确的预测能力是系统性的，不可能在根本上扭转。诺贝尔经济学奖获得者、理性预期学派的代表人物卢卡斯早就指出，如果一个政策被公众预测到了，这个政策就会失效，因为公众会提前采取行动应对它。天气变化中的不确定因素也很多，但天气不会对天气预报做出反应；随着预测技术的改进，天气预报就会越来越准确。经济预测则不一样，公众能够做出反应，因此永远不可能和天气预报一样准确。客观地说，个别经济学家在某些特定的时候可以进行符合现实的预测，但是并不具有统计学意义。

当然，经济学可以进行普遍性、粗糙的预测。经济学家可以判断货币发行过多会引起通货膨胀，但是并不能确定什么时候发生，会达到什么程度，是否会损害经济。而货币发行过多会引起通货膨胀是个常识，人们不需要经济学理论也能够知道。民众从日常生活当中也知道，早上鸡叫了，太阳就要出来了。乌云滚滚，很可能要下雨。这些可以归纳为科学现象，但并不是科学理论。能够进行比较准确预测的是天文学和气象学。这些才是科学。

（三）经济学得出的结论不可重复

很多经济学理论在特定场合是有用的，但是往往改变场合之后就失效了。例如，美国财政部根据米尔格罗姆的拍卖理论，在国债发行方面大赚过一笔，但同样的方案用在新西兰却失败了。在玻利维亚行之有效的"休克疗法"，到俄罗斯就带来了巨大的灾难。东亚经济成长的内涵，与欧美显然不同。越南和印度一直在学习中国的经验，但是肯定无法照搬。

有一类经济学的结论可重复，但并非经济学特有的研究对象。例如经济学研究经济周期，经济周期是可重复的。但是，不需要经济学知识也可以知道经济存在周期。自古以来，各国的哲学家、历史学家都知道社会存在周期性。中国人就一直说："分久必合，合久必分。""无平不陂，无往不复。"盛极则衰，物极必反。经济学的特定研究对象应该是对照总结各国历史上不同周期，找出共同、精确、具有共同性的内在逻辑，从而可以进行预测并进行有效干预。但是这目前还做不到。

其他如企业的成败、产业的迁移、经济的成长、国家的兴衰等，经济学都有一定的观察、总结和指导意义，但是在经济学的范围内，这些现象都是无法重复的，特定的经验无法在其他场合被有效借鉴。

（四）经济学无法得出共同结论

托马斯·库恩认为，一个学科的内部能够达成共同的标准和统一的范式是该学科是科学的必要条件。

在经济学中，相互矛盾的说法大量同时存在。10 个经济学家有 11 个观点是经济学内部经常讲的笑话。有一个真实的经典案例，两位经济学家分别研究某市最低工资政策，用相同的数据却得出了相反的结果。现实中很多经济学研究都是想要什么样的结果，就"拷打"数据得到想要的结果。

科学研究可以容许不同学说的暂时共存，但是研究的积累和实践的深入最终能对理论的正确与否加以判别。然而，经济学却很难，甚至永远做不到这一点。从斯密时期开始就是如此，到今天这种情况不但没有消除，相反是愈演愈烈。根据科学的定义，这是判定经济学的非科学性的重要依据。

（五）经济学在根本上不能证伪

经济学没有客观标准，既无法证实，也无法证伪。经济学中的规范经济学以价值判断定是非，实证研究同样也不能摆脱意识形态的影响。因为实证研究牵涉对资料、数据和事实的选择，而这取决于研究者的目的、价值判断和意识形态。

在微观经济学领域，现代经济学的分析基础是效用。效用是个人的主观判断，没有客观标准。对此，管理学、组织行为学和行为经济学进行了较为深入的揭示。在宏观经济学领域，判断一个经济政策是否有效同样没有客观的标准。2016 年，林毅夫和张维迎公开辩论产业政策的是非得失，他们都认为自己取得胜利。

在经济学的论证过程中，数学或数据是有用的，但是起不到决定性的作用。

有人可以找出数据证明自己的某个观点，别人也可以找出数据证明相反的观点。数据不会说话，人才会说话。更进一步说，当前经济学所推崇的数学实证，其实对真实的世界而言什么也证明不了。事实上，对于数学的本质没有争论清楚，美国著名数学家 M. 克莱因写过一本书《数学：确定性的丧失》说明这个问题。因此，认为用数学关系可以证实现实关系，无异于空中楼阁。

（六）经济学理论总会自我推翻

经济学理论具有鲜明的时间性，前一时期总结的理论总是会被后来的实践推翻。例如早期经济学总结发现，通货膨胀与就业率之间存在同比关系。但是后来的实践证明，这个关系并不确定。

经济当中还有个现象，叫作自我实现。即本来是不可能发生的事情，可能因为不断宣传或者大众的预期而得到正面强化，从而自我实现。比如说物价、汇率、资产价格等都是自我实现经常发生的领域。

一门学问要成为科学，首先就需要有稳定的理论体系和基本结论。不存在稳定的理论体系和基本结论，也就无法对经济生活进行有效的预测和指导，当然就难以说它是一门科学了。

另外，主流经济学是反对计划经济的，在实践上也不支持计划经济的可行性。从逻辑上说，既然计划经济不能成立，那么就相当于否认了经济学是科学。

三、经济学可能成为科学吗？

经济学在未来能否发展成像经典物理学那样严密的科学吗？我的判断是不能。经济学研究的对象是人，而人是有主观能动性的，会相对于经济预测主动调整。更进一步说，人类社会也不是按照还原论构建起来的，而是具有非线性、跳跃性的特点。这些特征在未来都不会发生根本性的变化。

（一）尚未出现经济学成为科学的路径

近年来，有些人相信行为经济学、计量经济学和大数据可以推动经济学成为科学。对此，我的看法是否定的。

行为经济学把心理学的一些内涵加入经济学，取得了很大的成绩，但是同时也证明了个人心理和社会心理具有非客观、不确定、反身性和自背性等特点。加入心理学可以丰富经济学的内涵，但是无助于消除经济学的非科学性。

计量经济学的数学基础来源于对物理规律的总结，但是人的行为并不总是符合物理世界的规律。现代宏观经济学的鼻祖凯恩斯写道，近来出现的绝大多数的"数理经济学"不过是一些拼凑而成的东西，其不精确的程度和它们赖以建立的假设条件相同。

利用大数据技术，人类可以采集人的各种行为数据，然后通过数据分析、机器学习等分析人类活动的规律，但是大数据没有办法改变人的自我干预。如果大众意识到可能出现某个结果，就可能改变某个结果。

（二）数学对于经济学的作用争议很大

数学在经济学中的运用是一个非常有意思的，同时也是争论很大的问题。

经济学肯定要运用数学，没有数学及数学模型的经济学是相当薄弱的。但是在大量运用数学之后，经济学仍然很薄弱，甚至可能更加薄弱。当代主流经济学的某些成果，并不见得比亚当·斯密更加深刻。

如果一套理论模型不用数学语言来表达，就很可能成为不可证实也不可证伪的玄学，或是人尽皆知的"废话"。但是，即使采用了数学语言，经济学同样是不可证实也不可证伪，甚至更容易变成人尽皆知的"废话"。

在物理学中，如果仅仅测量单个微观粒子，则经常会发现其运动是有高度不确定。必须采用统计的方法，观察足够数量的粒子，才能得出可靠的规律。但是在经济学中，即使采取同样的方法，得出的结论同样是不确定的。

马克思说过："一门科学，只有充分运用到数学的时候，才能说他是发展完善的。"但是对于经济学而言，数学用得越来越充分，它依然还是不完善。

正确运用数学尚且会出现上述结果。事实上数学在经济学中的运用还存在两个重大问题：一是很多经济学家其实并不懂数学而错用数学；二是为了经济模型的简洁和推导的成功，对基本的事实进行削足适履。在这里，数学的运用反而起到了"加强"弄虚作假的作用。对此应该要有所警惕。

（三）经济学不应该追求成为科学

可以认为，只要人还是人，人性还没有发生根本性的变化，经济学就不可能成为类似经典物理学那样逻辑严密、形式严整、结果确定的学问，也就无法成为真正的科学。

诺奖得主罗伯特·索洛曾经说过，如果将经济学转变为一种硬科学的计划能成功，那么这显然是一件很值得做的事情。我的看法是，其实这并不是一件值得

做的事。用科学来定义经济学，其实是贬低了经济学，而不是给它增添光彩。经济学比物理学及其他自然科学要复杂得多。科学是伟大的，但是经济学可以更伟大。科学研究的是物与人的物性，而经济学应该兼顾人的人性及物性、个体与整体，追求"经世济民""经国济世"，这才是经济学的本怀。

（作者为商务部国际贸易经济合作研究院研究员）

经济学者的社会关怀与人文情怀

王跃生

与本文类似的题目并不少见，我本人也曾多次写过此类随笔。今番再次提起，有两个原因：一是不久前北京大学的系列学术漫谈平台"北大教授茶座"请我给北京大学的学生做一次关于读书与治学的学术漫谈，以启发不同专业的学生。我讲了这个题目，将漫谈的主要内容记录下来，这成为本文的基本轮廓。二是，近年来参加了不少经济学博士研究生学位论文的指导、评阅、开题、答辩工作，深深为如今年轻学者们研究风格的特色鲜明与千篇一律所感，希望年轻学者们能够跳出单一方法的窠臼，更加关注真实世界，关注社会，关注人们的经济行为及其背后的文化与制度基础。这是本文的两个缘起。

一

说起当代经济学教育与研究的趋势，越来越突出（也越来越有争议）的一个表现就是经济学研究和经济学论文的数理模型化、数据实证化。以我所见，大多数主流经济学期刊上的论文都是模型和实证文章，而代表未来趋势的经济学博士论文更几乎清一色是数据的处理、因果的回归。所谓"无模型不学术，无实证不论文"。

以数据为基础的实证回归方法和以数学模型为形式的经济变量关系研究本无可非议，其反而是经济学研究方法的迭代更新和进步。然而，其一，这种方法的普及并不应排斥甚至取代其他方法，而应是它们相互补充、相得益彰。现实中，却是这种方法全面替代、全面碾压其他方法。许多研究几乎不把经济现象理解为

数量关系，如果不采用因果方法对几个变量进行回归，就不成为经济学论文，那就有点走火入魔了。其二，数据回归的方法的采用具有一系列前提、基础和条件，其优势与局限同样鲜明。对于一个经济现象由什么因素引起、影响和决定，首先应基于人类的常识、公理和认知做出判断，基于过去的科学成果和知识积累得出基本结论与推论，基于形式逻辑或数理逻辑演绎规律，而后再通过数据的回归证实或证伪这种判断，找出其影响的数量界限。如果在理论上对经济变量之间关系与影响因素懵懂不知，似是而非，左右犹疑，完全凭着数据处理的结果确认变量之间的关系与程度，哪怕其结论与常识和公理相悖也在所不惜，就本末倒置了。这方面，经济学与自然科学就有着巨大的不同。自然科学的结论很多时候基于不断实验和数据，而经济现象更深厚的基础首先是社会系统和人类行为，并不存在绝对准确、一成不变的数据规律。其三，以数理模型和数据实证为主的经济学研究，其假设是经济现象与经济规律完全是"天下一理"的，经济问题也是人类共通、整齐划一的。然而，经济活动和经济行为虽然有着广泛的共通性，但在人类社会的不同国家、制度和文明之下，在特定的时间、地点和历史阶段，仍然是存在巨大差异的。因此，在一个特定时点上，不同国家和地区的经济问题和经济现象很可能南辕北辙，经济问题更多来源于一个国家、社会在特定发展阶段下的特定"场景"，来源于千姿百态的现实世界。研究方法亦然，固可借鉴，亦有差别。

一个迅速发展中的、正经历剧烈制度变革与社会变动的国家，所面临的经济问题，与一个经济成熟、制度稳定的国家所产生的经济问题必然有较大差异。何况，还有文明、发展阶段、社会体制等方面的诸多不同。这就需要更深入地观察和认识社会现实，理解真实世界，提出书本之外的问题。现成的教科书和学术刊物远未能穷尽所有经济问题。如果像目前这样盲目从学界流行趋势、国际刊物热点出发，甘当某学术热点的追随者甚至粉丝，最多只是把国际流行问题加上一个"中国证据"，进一步验证国外学者提出的问题和研究结论。这种只见论文不见现实、只见数据不见逻辑、只见变量不见思想的研究风格，我认为无论如何都是不能令人满意的。其结果就是，经济学模型越来越专深、精确，对现实的解释和预测却越来越离谱（经济学家对于经济的预测很少准确，《经济学人》杂志认真计算过，从2000—2014年，国际货币基金组织对宏观经济的预测几乎就没有对过，可能仅仅比闭着眼睛从 −2% 到 10% 之间随便选一个准确一点点），而在主流经济学理论指导下的经济发展，一方面带来了财富的增长，另一方面导致了几十年来全球贫富差距的激增和普遍的社会矛盾激化与社会撕裂。这可能也多少表明经济学研究范式顾此失彼导致的后果。

凡此种种，表明经济学的发展是存在着很大改善空间的，否则就不会有那么多对经济学和经济学家的指责与批评（至少比对化学家或物理学家的批评多得多）。有意思的是，有一批经济学家确实发誓要将经济学发展为物理学，将其变为纯粹的"科学"；还有人以不存在"中国物理学"为理由反对"中国经济学"的提法。在我看来，他们无论怎么发誓，其努力恐怕都要落空。

二

经济学研究的数学化、计量化、数据科学化现象，当然与经济学相对于其他社会科学的特性有关，更与信息技术发展及海量数据的生成有关。经济现象通过货币尺度具有价值符号和量纲，可以进行通约、比较、衡量；经济学的最大化目标天然适合于数学化的极值方法；信息技术带来的海量经济数据则为通过数据处理寻找经济现象之间的数量关系创造了便捷的条件。不过，除上述客观原因之外，可能还与经济学研究的路径依赖、经济学者的傲慢与取巧有关：既然数理化、计量化、数据化更容易得出科学精确的结论，更容易取信于社会和公众，并且将经济学与一般社会科学区分开来，设立更高的学科门槛，那么将计量化、数据化推进到底就更符合经济学者的利益，至于其方法和结论是否致用，被现实证伪后怎么办，都在其次。

由此看来，经济学确实需要做出一些改变。有经济学家将这种改变称为建设"好的经济学"，"让经济学再次伟大"，诚哉斯言。如果以边际改进和回归传统视之，毋宁说，就是经济学需要社会关怀，经济学者需要人文情怀。只要是做经济研究，只要关注的是经济问题，只要关注经济学增进人类福祉，就离不开社会关怀和人文情怀。无论数据处理的功力多么深厚，无论对计量方法多么驾轻就熟，都要关注数据背后的经济关系，关注人类行为的复杂逻辑，关注利益关系的复杂性。在经济学日益陷入具体的数据处理方法，经济学日益面临现实世界挑战的情况下，在经济现象日益受到政治、文化、制度、意识形态、国际关系、社会情绪影响的当下，经济学者尤其需要社会关怀。

那么，怎么理解经济学的社会关怀和经济学者的人文情怀？在我们看来，更多关注现实世界，关注社会，关注人的福利和人的行为，关注影响经济现象的多重因素，就是经济学的社会和人文关怀。在问题设定上，从题目的发掘、问题的提出，到经济现象的梳理和影响因素的确定，从模型的假设到作用机理的演绎，从实证结果的推敲到作用机制的检验，从研究结论的得出到政策含义的确定，都要从社会经济现实和社会福利最大化出发，符合经济学经世济用的宗旨，符合人类既有知识和认知的公理，符合常识而不违背常识，符合人类行为的逻辑，符合人类理性和价值观的复杂性。在研究方法上，除了进行数理模型的推演、数据的处理与回归之外，更多从哲学、历史、政治、制度、文化的视角解析经济现象和经济行为，就是经济学的社会与人文关怀。经济学者人文情怀与社会关怀，其意义说到底还是使经济学能够面对真实世界，解决真实问题，回归经济学经世济用的本来面目，不仅在形式上科学、完美，而且在实践上真实有用，"好看又好吃"，摆脱屠龙术的形象。这就是经济学人文情怀的学术价值与当代意义。

举例来说，自由贸易协定（FTA）具有福利效应，我们依据一般均衡模型可以计算出这种福利的大小。然而，这种模型和计算是在许多假设条件下进行的，是以诸多经济变量假定不变为基础的。但是，你怎么知道这些变量会保持不变？怎么知道这样的假设不是过强假定？何况影响 FTA 福利效应的，还有国际国内政治、战略、社会、文化、制度等因素，如果都不考虑这些，得出的计算结果就只是看着很美但没多少意义的摆设。再举另外一个例子，上届美国总统大选前，我听说某家研究机构正以大数据方法预测哪位候选人胜出。据说因为有海量数据，所以其自信满满。在其研究者看来，只要数据足够多，就能基本准确预测，不需要关注这些数据与选举胜败的逻辑根本关系。众所周知，后来的选举结果十分诡谲和戏剧化。我没有去追问后来他们的预测怎么样，我估计和二选一的赌注差不多，因为只有两个候选人，总有 50% 的胜率。数据选取之前总是需要历史、逻辑、社会、政治的分析吧？大数据恐怕不能碾压逻辑，就像大数据不能让计划经济"借尸还魂"一样。

三

当然，众所周知，经济学早已走出了发展初期阶段的简单、粗陋，也早已超越了以研究生产关系为指向的"政治经济学"范式。从整个科学体系的发展看，研究方法日益丰富，学科划分越来越细，专业化分工日益复杂都是明确的趋势，这使得经济学可以拥有不同于其他社会科学学科的特定领域和独特方法。不过，另一方面，在学科专业分工日益细化的情况下，学科的交叉、融合又重新受到重视，这也是明确的趋势。文理交叉、理工融合、人文学科与社会科学的交叉融合都广泛存在。这种交叉常常能获得单一学科不能获得的收获。现代学术体系已经容不下百科全书式的学者，但知识海洋的广博与专业化并非不能容纳融合、交叉，特别是社会科学。社会由人组成，社会现象来自人的行为。社会科学归根到底是人学，每个学科研究人类行为及其基础的一个侧面；但人作为有机体，各个侧面是相互影响的，唯此才是活生生的人，而不是死的标本。

由此，我们认为，社会科学研究包括经济学研究要既见树木，又见森林；既关注具体问题，又关注背后的社会与人文基础；既注重数据的可得性，又关注问题的真实意义与逻辑。从提出问题到研究方法都是如此。

关于问题的提出，可以以近年广为流传的一个毕业生论文为例。一家银行的业绩当然与行长的素质和行为密切相关，诸如学历、经历、出身、年龄等，可以就这些因素与银行业绩的关系进行回归分析。但是，无论如何也难以想象业绩与行长的脸型有何相关，把这两个因素作为回归变量是基于什么逻辑，是否有生理学的原理做支撑，这是不是一个真问题。如果不是，只能贻笑大方。这就是缺乏理论和逻辑的后果。

在方法论上，工具与思想、"术"与"道"的关系也具有类似性质。数学模型的演绎、数据的实证回归确实有其独特的价值，其精确性、严密性优势明显。然而，模型和实证终究是工具，是认识问题的手段，是"术"。而从浩瀚驳杂的经济现象中发现和提出问题，找出影响因素，则依赖于理论分析、思想新见、对社会的认知，此为"道"。经济分析的问题从何而来？归根到底是从丰富多彩的现实而来。在丰富多彩的现实中发现问题和提出问题，需要的就是社会观察力、理论思辨力、综合归纳力，归根到底是需要社会关怀。在计量回归方法中，解释变量的确定是数据回归的基础，而解释变量的确定必定要基于对问题的深刻理解和把握，基于对个体和集体行为逻辑的认知。经济学模型和数据实证常常难于得出具有深刻解释力和启发性的结论，往往是因为对解释变量的过度简化和对逻辑关系认知的似是而非。

　　我们之所以强调经济学者的社会关怀与人文情怀，还与中国社会和中国问题的独特性有关。党和国家近年来不断强调立足中国大地做学问，这不完全是思想政治引导，也具有学术意义，对经济学等社会科学来说尤为如此。中华文明作为一个非西方、非基督教的主体文明，确有许多特有的问题、特征、形式和表现。目前世界的主流文明还是西方基督教文明，在经济学领域尤其如此。这决定了经济学的叙事、经济学的思考方式和经济问题的提出大多是西方式的、英美式的。中华文明的独特性，中国人思考和行为方式的独特性，中国制度的独特性，决定中国的经济问题也有许多独特性。何况中国经济发展阶段、中国制度变革的大环境都与英美差异明显。这就决定中国应该也必须提出自己的经济问题，有自己的研究特色，至少不必全国一窝蜂似的追随英美的热点问题。社会学是一个远远没有经济学热门的学科，但我认为社会学的某些传统对经济学也有启发意义。记得当年读费孝通先生的《江村经济》、林耀华先生的《金翼》，兴趣盎然，对中国社会、宗族、家族经济等了解和感触至深。经济学者特别是年轻学者也需要更多地走向社会，到经济现实中去，到丰富多彩的社会实践中去。经济学的"田野调查"很流行，就是对主流经济学离现实越来越远的一种矫正。

（作者为北京大学经济学院教授）

经济学研究中的
"大智慧"与"小策略"

邱　斌　曾彦博

　　每当研究进行到需要梳理学术发展史和回顾经济学经典著作时，笔者经常对经济学研究中的各种小大"智慧"与"策略"唏嘘感慨。从斯密的《国富论》到凯恩斯的《就业、利息和货币通论》，从《道德情操论》到《高尚的经济学》，传世之作中各位经济学家用精准的问题意识对时代发展的诉求进行描摹与定位，通过系统的理论架构展开论述与验证，进而揭示当时社会经济发展面临的主要矛盾及其解决思路，这类研究极其考验作者的"大智慧"。另一方面，从梅利兹（Marc Melitz）的异质性企业模型到安格里斯特（Joshua Angrist）和因本斯（Guido Imbens）的因果识别框架，从加里·贝克尔的"经济学帝国主义"到卡尼曼和泰勒的"行为经济学"，近几十年来前沿经济学文献中的领先作者们借助数理方法或实验法优化理论框架或改进现有分析工具，以精巧的研究设计填补各领域空白，发掘和夯实经济学研究中的微观基础，这类研究更加重视作者的"小策略"。两种研究范式虽然着眼点不同，但其作品无不体现了逻辑严密、论证翔实和问题意识明确的特点，充分体现出研究者立意之深远、思辨之精细和方法之巧妙。作为读者，固然可以畅游其间，体会经济学研究的大气象和小风景，可一旦开始真枪实弹地动手做研究了，就不免产生困惑——该如何在这"小大之辩"中找准自己的定位，做出有价值的研究呢？

　　自1929年社会调查所成立以来，我国经济学研究经历了90多年的风风雨雨和曲折探索，在改革开放后的数十年间迅速繁荣发展并取得了长足的进步。其间，西方经济学研究范式快速更迭，留洋人才大量引进，新旧研究方法不断兴

替，上述演变对国内学界产生了巨大冲击和深远影响。在当今国内学术舞台上，既有吴敬琏、周其仁等深谙传统智慧和经典研究范式的传统学者，又涌现出一大批既掌握前沿分析方法又具备扎实数理基础的海归精锐，国内经济学研究已迅速向国际前沿迈进。对于国内学者而言，特别是近年来国内高校培养出的"土鳖"博士而言，要在激烈的竞争环境中开辟出一条可持续之路，首先需要考虑的就是如何在"大智慧"与"小策略"之间进行平衡取舍。对于各路年轻学者而言，其既可以定位于服务国家发展所面临的重大理论和现实问题，也可定位于实现学科发展的关键技术突破。无论选取什么样的定位或策略，好的研究总归是主题、内容和方法的有机结合。只要能够在写作中将上述三个元素有机地结合起来，形成逻辑自洽和自圆其说的研究方法和体系，无论选题"大"还是"小"，其实都能成就高水平的研究成果。

一、"小策略"之辨

在这个研究方法空前繁荣的时代，在经济学写作中发挥决定性作用的依然是主题和立意，即所谓"选题"，继而是由选题决定的研究内容和研究框架。在整个研究布局中，方法更主要是起到支撑作用，要服务于主题和内容。但是在主题、内容和方法所构成的成功写作要素中，由于研究方法的范式相对明晰且易于上手，初学者往往基于方法层面的"创新性"和"工作量"进行研究设计。重视方法固然是在当下科研竞争压力和绩效考核体系下的一种生存策略，但如果只关注方法训练却忽视了研究选题、框架搭构和研究内容等方面的能力训练，就难免会出现本末倒置和小大不分的结局。即使只从现实性和功利性视角加以考量，经济学研究方法的迭代速度之快也是有目共睹，"新方法"的科研红利往往也只能维系很短一段时间，如果不具备一以贯之的选题和架构能力，则难免在方法红利消失后落入"科研能力陷阱"之中。

其实，即使是以方法见长的西方学者，也往往同时兼具长期关注现实问题的敏锐感并拥有极强的选题能力。以前文中所提到的梅利兹教授为例，其主要理论贡献在于放松克鲁格曼模型中的生产率同质化假定，从而有效解释了企业层面的出口行为，因此被称为"新新贸易理论"或"异质性企业贸易理论"的开山鼻祖。随着近年来一般均衡模型的普及和应用，从今天的视角来看，理解和构造异质性企业模型本身并不需要太过高深的数理知识。梅利兹模型广为传播的主要原因之一恰恰是其对经典模型进行了相对简约的改动，以做到在便于理解的同时又为当时企业微观数据不断丰富而引致的实证研究提供了基准模型。这种用简洁的模型拓展解释和拟合重要经验事实的研究思路被他的一众学生不断继承和发扬光大。例如，在 Kalina Manova 教授关于企业融资约束的研究以及 Paula Bustos 教授关于企业创新的研究中，上述的研究新理论与研究新范式都有较大程度的体现。但是，如果仔细分析上述研究的成功因素，依然会发现即使在高度技术化的理论研究领域，论文能否"破圈"依然主要取决于研究主题。

当一项研究方法普及开来并被众多学者快速掌握之后，选题能力的强弱就不可避免地成为科研表现的核心竞争优势。近年来，因果推断方法（例如双重差分法、断点回归法等）被实证研究者广泛采纳甚至存在一定程度的滥用，其中仅有为数不多的研究做到了真正的问题导向。例如，安格里斯特的学生 Nancy Qian 在其广为人知的论文 Missing Women and the Price of Tea in China 中巧妙地设计实证策略，发现：经济发展所引发的茶叶价格提高使得产茶地区女性相对收入上升，进而提高了这些地区女婴的存活率。这一选题关系到性别平等话题下极富争议的核心议题——经济条件与人口性别失衡的关系，其研究结论为改善女性经济待遇以缓解性别失衡问题的倡议提供了有力的经验依据。这一研究话题与研究方法都十分出众的成果，使得 Nancy Qian 的论文在众多使用 DID 方法的同质化研究中脱颖而出，并最终于 2008 年发表在著名国际学术期刊 The Quarterly Journal of Economics 上。

二、"大智慧"之见

历数青史留名的经济学家，他们大都对经济系统的运行规律进行了深入思考，并在作品中对其进行了系统性和整体性的剖析和诠释，展现出"大智慧"和"大策略"的结合。在《国富论》中，斯密从劳动专业化以及货币、工资和地租的起源谈起，一步一步地构建国民财富积累和经济长期增长的一般框架。在《就业、利息和货币通论》中，凯恩斯通过描述需求、储蓄、投资和利率的互动关系剖析了大萧条产生的深层原因，对此后的国家干预政策形成和布雷顿森林体系构建产生了较为深远和持续的影响。萨缪尔森在其经典教科书《经济学》中

用数理方法将凯恩斯的思想重新表述为产品市场均衡和货币市场均衡的互动关系，自此确立了新古典综合学派。在此类经典著作中，上述著名学者们通过系统性的框架设计和综合性的论证策略全面而立体地支撑起他们对经济普遍规律的理解。因此，即使著作中部分推论或假说未必能通过所谓最严格的检验策略，上述作品中所呈现的"大智慧"不仅依然能够成立，而且会持续影响一代又一代的后世读者。

随着企业层面甚至交易层面的微观数据被不断发掘，以及"卢卡斯批判"后新古典主义经济学对微观基础的日益重视，越来越多的理论和实证研究学者开始探讨经济运行的"微观基础"，进而着手设计与之相匹配的"小策略"。2021年的诺贝尔经济学奖得主安格里斯特教授，在其实证研究中大量应用了精巧的"小策略"以研究具体问题，例如生育对父母劳动供给的影响，入学年龄与教育年限的关系，学校合并对学生成绩的影响，等等。这类研究的主要贡献在于通过精巧的实验设计不断改进现有研究方法，并同时完美地服务了劳动经济学研究中的大主题。在结构式估计方法逐渐得到广泛应用的今天，借助一般均衡的模型和假设，宏观经济波动的影响因素可以被精确定位，并最终具体到微观机制中几个关键参数的"恢复"（recover），进而通过因果推断方法对关键参数进行识别和校准。也就是说，通过较强的约束和假设，上述"小策略"所得出的结论也可以得到推广，进而被运用于解决经济研究中的"大问题"。

因此，即使着眼于相同的主题，研究者依然可以首先通过寻找个性化的切入点，决定选题大小以及相应的研究策略。行为经济学领域的研究多出于对"理性人"假设的改动，考察"非理性"行为的一般规律并解释上述行为中的合理因素及其机制。在该领域的经典研究中，理查德·泰勒的《"错误"的行为》由一系列分散的小议题构成，运用大量实例分析了种种"怪诞"行为背后的逻辑和原理，并通过心理账户、禀赋效应、风险厌恶等精巧的理论解释对经济人的行为模式进行了扩充乃至修正，体现出作者数十年如一日的观察、实验及背后的巧思。乔治·阿克洛夫的《动物精神》则尝试从动物精神的概念出发，围绕信心、公平、腐败、货币幻觉和故事等基本思维模式构造系统分析框架，进而解答经济萧条的原因、中央银行的必要性以及房地产市场周期等宏观经济问题，展现了作者对大问题的系统性思考。

三、小大互动之探

不难看出，在两百多年的探索与发展过程中，现代经济学研究所关注的核心问题不断演变，研究方法更是高速迭代并变幻莫测，但唯一不变的是对现实问题的关切。事实上，无论基于哪种研究范式，只要根植于对现实生活中具体问题进行发掘，并在研究中呈现出以系统的理论框架和丰富的证据为基础进行的理论推演和视觉展示，那么仅一项研究都足以为人称道。比如，费孝通先生在 20 世纪30 年代基于吴江县庙港乡开弦弓村的田野调查材料撰写的著作《江村经济》，就从人类学视角还原了江村这一特殊经济体系中的经济活动与社会关系，同样得到了"最终解决中国土地问题的办法不在于紧缩农民的开支而应该增加农民的收入"这一经济洞见，这就是深入分析现实问题后所提炼出的智慧和其后所形成的共识。

基于对现实问题的提炼，以"小策略"分析具体问题的研究也能体现出研究者的"大智慧"。例如，林毅夫教授很久以前发表于《美国经济评论》的论文《中国的农村改革与农业增长》通过对比 1978 至 1984 年中国各项改革对农业产出的影响，发现家庭联产承包责任制改革是这段时间我国农业产出增长的主要原因。这篇论文所采用的方法是实证分析的"小策略"，但同时抓住了中国改革实践中的主要矛盾和制度经济学的核心命题，论文成功背后是作者对中国改革的深入剖析和对所有制问题的深切关注。当代经济学研究十分强调数理逻辑，但也在很多时候受限于研究视角和方法。关注现实问题，是为了从中获得样本、素材和灵感，从而打开决策过程中的"黑箱"，更是为了训练经济直觉，并从纷繁复杂的现象和视角中选取最为关键的切入点。反之，如果失去了对现实问题的关注，仅仅关注技术层面的拓展，大费周章地使用系统方法论证一个非常小的选题，那么这样的研究方法就非常值得商榷了。

在立足现实方面，中欧国际工商学院的许斌教授提供了一个良好的范例。博士毕业于美国哥伦比亚大学的许斌教授深谙西方经济学框架中的洞见和"诡秘"，不仅将自身所学经典理论和前沿文献汇集于其新版中文教材《国际贸易》中，更是在书的每章首末分别添加了"思政导引"和"新时代 新思考"栏目，指出"西方经济学分析方法的一个局限性是它抽象掉了历史背景和阶级关系"，

引导读者从历史的角度思考国际贸易理论的适用范围，更希望读者掌握"坚持问题导向、重视调查研究"的科学方法论。说句实在话，能够认识像许斌教授这样身兼东西方智慧又愿意指点迷津的学者实乃人生中之一大幸事。

当我们再往前眺望二十年或更加长远的时光，中国学者只有跳出西方经济学的种种窠臼和条条框框，立足于经济发展的历史条件和辩证规律，才能在深入思考、提出问题和找到解决方案的过程中逐渐接近经济学的精髓与本质，而这正是超越研究策略本身的大智慧之所在。

（作者邱斌为东南大学经济管理学院特聘教授，曾彦博为东南大学经济管理学院博士研究生）

经济学研究中的"狐狸尾巴"
和"老虎尾巴"

冯　伟

一、缘　起

近年来，伴随着审阅论文数量和种类的不断增多，笔者发现，不论是期刊论文还是学位论文，不论是中文论文还是英文论文，在经济学研究中存在着诸多以"狐狸尾巴"来冒充"老虎尾巴"的现象。所谓的"狐狸尾巴"是指经济学研究中的以假乱真现象，即通过汇报虚假结果来企图达到蒙混过关的目的，而"老虎尾巴"则是指经济学研究中的真实表达，反映了经济学研究的原本面貌。在此，先通过一个实例来描述一下"狐狸尾巴"是如何冒充"老虎尾巴"，从而达到狐假虎威，甚至是以次充好的目的。

表1是在经济学实证分析中经常看到的对回归结果的展示。粗略看一下，很多回归结果都很好、很显著，因为几乎每一个回归结果的"＊"都很多，这对于实证分析者来说是一件很"开心"的事。然而，是否真的会"开心"，还需要审阅者来评判。因为其想要发表，需要过审稿者这一关，即使顺利发表了，也要面对众多经济学研究者的"拷问"。当然，如果这只是学位论文的一部分，其可能并不需要发表，但是在当下日益严苛的学位论文评审制度（如"事前外审—事中答辩—事后抽盲"）下，也很难逃脱审阅者层层的"过滤"。那么，表1中究竟哪些是"狐狸尾巴"呢？又是否存在着"老虎尾巴"呢？让我们来"侦探"一下。

表 1　实证分析结果

变量	（1）	（2）	（3）	（4）
A	0.089 *	− 0.541 ***	0.078 ***	− 0.886 ***
	(0.970)	(7.190)	(0.830)	(− 0.720)
B	− 1.365 ***	1.119 ***	1.164 ***	1.428 ***
	(− 1.850)	(0.410)	(0.350)	(0.250)
C	—	− 5786534.23 **	—	5142345.31 ***
	—	(− 1.970)	—	(1.740)
D	− 0.000458 ***	− 0.000287 **	0.000177 **	− 0.0002051 ***
	(− 3.630)	(− 3.610)	(3.290)	(− 3.470)
E	− 0.167 **	0.087	0.057 **	0.254 **
	(− 0.640)	(2.580)	(0.200)	(0.060)
F	0.240 ***	0.243 ***	0.120 ***	− 0.027
	(0.800)	(0.990)	(0.050)	(− 0.280)
常数项	− 2.111 ***	− 2.145 ***	− 2.249 ***	− 0.004
	(− 0.970)	(− 0.600)	(− 0.150)	(− 0.000)
R − squared	0.576	0.706	0.960	0.633

注：＊＊＊p＜0.01，＊＊p＜0.05，＊p＜0.1。

首先，尽管表 1 的"注"没有说明回归结果括号中的数值代表何种意思，但是我们通过回归系数的符号和括号中数值的符号可以判断出括号中的数值应为 t 值，而非标准误（standard error）。因为如果是标准误的话，括号中的数值均应大于零，而如果是 t 值的话，回归系数的符号和括号中数值的符号应相同。因而，如果在所汇报的实证结果中出现了标准误小于零，或者汇报表格所标注的是 t 值，但是回归系数的符号和括号中数值的符号相异，如第（2）列变量 A 的回归结果，那么其一定是"狐狸尾巴"，需要把它揪出来。

其次，在明确了括号中的数值是 t 值后，我们可以根据 t 检验的标准来判定变量回归系数的显著程度。一般而言，如果 t 的绝对值，即 $|t|$，在 1.64 和 1.96 之间，即 $1.64 \leqslant |t| < 1.96$，则表示该变量在 0.10 或 10% 的统计显著性水平上显著；如果 t 的绝对值，即 $|t|$，在 1.96 和 2.58 之间，即 $1.96 \leqslant$

｜ t ｜ <2.58，则表示该变量在0.05或5%的统计显著性水平上显著；如果 t 的绝对值，即｜ t ｜，大于2.58，即｜ t ｜≥2.58，则表示该变量在0.01或1%的统计显著性水平上显著。根据这一法则，我们可以甄别出表1中存在着诸多的"狐狸尾巴"，如第（1）列中变量 A 的结果，其 t 值只有0.970，没有达到统计学意义上的 t 检验最低标准的10%的显著性水平检验，但是其系数却标有一颗星，所以这是虚假结果；还有如第（1）列中变量 B 的结果，其 t 值只有1.850，根据上述法则，其回归系数应该只是在10%的统计显著性水平上显著，即标一颗星（＊），但是所汇报的结果却给出了三颗星（＊＊＊），这也是不真实的汇报结果。这样的"狐狸尾巴"在表1中还有很多，只要我们运用上述基本的判断法则就能把这些"狐狸尾巴"给识别出来，使其难以充当"老虎尾巴"。

前文主要从统计显著性视角辨别出了"狐狸尾巴"和"老虎尾巴"，除此之外，我们还要关注回归结果的经济显著性。所谓经济显著性，是指所得到的回归结果要有经济学意义，即基于回归结果所表征的变量之间的内在关系要在经济学上讲得通，要有现实意义，而非仅注重变量回归结果的统计显著性，进而忽略变量之间作用关系的合理性和有效性，陷入"星星计量经济学"。基于此，我们可以来识别一下表1中的回归结果是否存在着经济显著性意义上的"狐狸尾巴"。从回归系数大小来看，第（2）列中变量 C 的结果，虽然在统计显著性上符合上述判断标准，即显著的，但是其回归系数太大了，达到了百万级，试想变量之间的何种关系会达到如此高的程度，因而这也是"狐狸尾巴"；此外，第（1）列中变量 D 的结果，虽然在统计显著性上也是符合上述判断标准的，但是其回归系数又太小了，难以从经济意义上说得通变量之间的作用关系。

经济学研究中的"狐狸尾巴"还有很多，上述只列举了在实证分析中我们可能会遇到的几个事例。倘若我们不加以严格甄别，或者实证分析者有意为之，那么将这样的结果公之于众，不仅会贻笑大方，而且这还会被认为学术不端，造成严重的学术造假后果。

二、演　进

那么，如何来辨别"狐狸尾巴"和"老虎尾巴"，让"狐狸尾巴"无所遁形，让"老虎尾巴"真实展现呢？一方面，自然需要有评判经济学研究真实性

与科学性的各类标尺或准则，如上述的标准误、t 值、经济显著性等；另一方面，则需要有更为坚实的理论和更为严谨的方法来支撑，使得经济学所研究的问题更能揭示经济发展规律。

当前，经济学界掀起了一股有关经济学研究"可信性革命"的讨论，尤其是在计量实证方面。对此，笔者也深有感触。

首先，从研究方法上来看，在 21 世纪初，那时还比较注重时间序列分析，通过单位根、协整检验和脉冲响应等方法来剖析两个变量之间在长周期上的作用关系。之后，伴随着面板数据（Panel Data）的广泛构建和运用，面板固定效应模型（FE）、面板随机效应模型（RE）和动态面板数据模型（DPD）等在各大经济学主流刊物上不断涌现，与之相伴的是要厘清和明晰核心解释变量对被解释变量的内生性和稳健性。现如今，伴随着研究对象的不断微观化和具体化，如企业层面、个体调查等，样本量也逐渐规模化和海量化，这不仅为各类微观计量方法的广泛运用提供了载体，更为稳健和清晰地识别出主要变量之间的作用关系和特征，而且也为各类政策评估方法提供了检验空间。如构建处理组（受政策影响的样本）和控制组（不受政策影响的样本，但与受政策影响之前的处理组具有相似特征的样本），并基于双重差分方法（DID）、工具变量方法（IV）、断点回归方法（RDD）和合成控制方法（SCM）等进行因果识别和推断，评估政策作用的有效性和合意性。

这种方法上的演变在论文发表和论文答辩中尤为明显。在十年至二十年之前，做时间序列分析，搞清楚变量之间的协整关系，即可以发表或参加论文答辩；在过去十年，做面板数据分析，运用工具变量方法（IV）或动态面板估计方法等对主要变量的内生性进行克服，也可以在核心刊物上发表，此时如果能运用微观数据（如工业企业数据库或上市公司数据等）做分析，那在较好的刊物上发表也不是大问题；现如今，在政策评估、因果识别等方法不断兴起以及海量微观数据逐渐"登场"的当下，如果再运用以往的时间序列分析法或简单的面板数据模型的话，则在学术论文发表和学位论文答辩中已没有多少"市场"空间了，感觉不用一下 DID 方法或其他因果推断法做个政策效果检验，都难以体现出论文的工作量或创新性。当然，在此，笔者并不是对研究方法本身的优劣或好坏进行评头论足，因为每种方法均有其试用的边界和范围，能解决问题的都是好方法；更多的是想说明，经济学研究中出现的这种方法上的演进，是一个逐渐去伪存真，发现变量之间真实关系的过程，也是一个逐渐识别并剔除"狐狸尾巴"，发现并留住"老虎尾巴"的过程。

其次，从研究对象上来看，伴随着研究方法的不断微观化，经济学研究的主题也从以往偏向于宏大叙事主题转向微观个体特征，或是为宏观经济分析提供微观经验证据。如，过往的经济学研究比较注重国别、省级、城市等区域层面的分析，这类研究因样本量较为有限，可以控制的个体效应也较少，因而较难清晰而又稳健地识别出主要变量之间的作用关系，更多地是聚焦于厘清变量之间的相关关系。近年来，伴随着可采集数据的不断丰富化和规模化，企业、产品、家庭和个人等逐渐成为经济学研究的主要对象，这类研究对象的一个显著特征是样本量大，所得出的结论稳健性强，同时也可以做多种类的异质性探讨，因而据此也能发现更多细致而有趣的研究结论。此外，微观个体也易受到公共政策影响，因而也可以对公共政策的处理效应进行因果识别，更科学地明晰变量之间的因果关系而非相关关系。基于此，对变量之间作用机制的探讨，即解释变量是通过什么样的渠道或路径来影响被解释变量的，也逐渐成为一篇学术论文必不可少的部分，甚至有的期刊在其投稿须知中明确指出投往该刊的论文需要做机制检验。

这种研究对象的具体化或微观化在论文发表和论文答辩中也不断显现出来。过往，做省级层面或城市层面等的实证分析，在核心刊物上发表或通过学位论文答辩等应该较为顺利；现如今，在经济学研究竞争日趋激烈甚至是"内卷"的情形下，在研究主题不断细化的当下，通过拼"数据"、拼"方法"，将研究主题微观化或为宏观分析提供微观支撑，从而找寻到变量之间更为真实或具体的作用关系，也是提升或凸显经济学研究边际贡献或创新之处的有效方式。当然，在此，笔者也不是提倡经济学研究中的"唯数据论"，或是为了数据而数据。通常而言，只要能揭示并厘清变量之间作用关系或契合研究主题的数据都是有用或是好的数据。只不过，我们需要承认的是，样本量越大，越有助于实证分析者发现变量之间的真实关系或是内在机制，也越有助于我们辨别出"狐狸尾巴"，让经济学研究中的假回归或伪回归无处可藏或自我摒弃，也让货真价实的"老虎尾巴"显露出来，避免"劣币驱逐良币"，并促使经济学研究更为科学和真实。

综上可以看出，在大数据和因果识别方法等的作用下，尤其是在机器学习（Machine Learning）、爬虫（Python）技术等的支撑下，经济学研究也朝着方法更为交叉、数据更为海量、主题更为实际等方向演进。这不仅使得经济学研究更为

精准，更能科学而又稳健地揭示出变量之间的内在关系、作用机制和多样化特征等，而且也使得经济学研究更能抽丝剥茧地解释更纷繁复杂的经济现象，揭示并反映出更为普遍和真实的经济规律，进而成为我们"身边的经济学"和"生活中的经济学"。

三、追　问

经济学研究中潜藏着很多的"狐狸尾巴"，我们学习经济学的目的之一是要识别并剔除这些"狐狸尾巴"，让经济学回归到解释真实世界运行规律的本义上来，进而彰显出经济学研究中的"老虎尾巴"，而非为了显著而显著、为了符号而符号，成为"星星"与"符号"的奴隶。

在现实中，我们经常会问及的一个问题是："我们（我）为什么要学经济学？"很多人可能会觉得，学经济学可以发家致富，毕竟经济学承载着财富管理、经邦济世、经世济民的使命；也有人会觉得，学经济学没啥用，因为经济学中充斥着字母、数字和符号等，这些离现实世界太远了，只能是坐而论道。对于前一种，据笔者的观察和体验，学习经济学是发不了财的，毕竟现实世界是错综复杂的，并不存在着一以贯之的经济学发财定律或定理，但是经济学可以为发财提供经济学思维，即通过学习经济学，掌握经济学的分析范式，进而为投资理财和分析经济形势提供经济学的分析基准、框架或参考。对于后一种，笔者觉得其可能陷入了唯数学论或唯模型论中了，觉得经济学只不过是一堆数学符号或计量模型的智力游戏，而忽视了这些符号和模型背后所蕴藏的经济学故事和经济学原理。

那么，我们为什么要学经济学？经济学究竟能给我们带来什么？在笔者看来，学习经济学，一方面自然要揭示经济现象背后的经济规律，从而更真实和科学地解释现实世界，并为政策评价、企业经营和个体选择等提供更为坚实的依据，发挥经济学这把"屠龙刀"的功效。另一方面，也正如经济学家琼·罗宾逊所言的，"学习经济学的主要目的就是不受经济学家的欺骗"。因为在经济学知识不断被普及的当下，很多人都可以对经济现象或经济政策与形势高谈阔论一番，并给出"高见"，还有就是在学术研究中不注重经济学研究的严谨性和科学性而产生诸多伪学术问题，制造"坏"的经济学研究。此时，我们就需要一双能识别这些"骗术"的"火眼金睛"或"慧眼"，让逻辑不自洽、分析不严谨和结果不真实的"狐狸尾巴"露出来，真实展现"老虎尾巴"，做"好"的经济学研究。

当然，如何辨别和留住"老虎尾巴"，不仅需要我们掌握不断演进和更替的经济学理论和方法，"活到老，学到老"，而且需要有如经济学家凯恩斯所说的"杰出的经济学家应该具有罕见的各种天赋的组合。在某种程度上，他应该是数学家、历史学家、政治家和哲学家"。只有这样，才能探寻到更为真实而有趣的经济规律。这或许是经济学研究给我们带来的意义和魅力，让我们的人生不断充实和丰盈。

（作者为东南大学经济管理学院副教授）

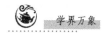

国际熊彼特学会见闻

欧阳峣

在 2016 年的春天，一个偶然的机缘，我从中国社会科学院经济研究所的网站上看到了国际熊彼特学会的会议通知。从那年开始，我连续参加了国际熊彼特学会的四次学术会议——蒙特利尔会议、首尔会议、罗马会议、长沙会议。2018年，我被选举为第 19 届国际熊彼特学会的主席；2022 年，我主持召开了第 19 届国际熊彼特学会会议。回顾过去几年的学术活动，我想跟各位同仁分享在国际熊彼特学会的所见所闻，期待能够为各类学会走向规范化和国际化提供可借鉴的经验。

一、从加入学会到担任主席

我从湖南商学院调到湖南师范大学工作后，更加专注于大国经济发展领域的理论研究，也期望多参加一些国际性学术交流活动，这既可以开阔视野，又可以在国际学术平台上发表研究报告。2016 年初，我在浏览中国社会科学院经济研究所网页的时候，意外地发现一则组织第 16 届国际熊彼特学会会议的消息，随即同年轻教师戴家武博士商量，申请加入国际熊彼特学会，并给会议投稿。打开学会的网站，可看到简要的情况介绍：国际熊彼特学会，英文 "The international Joseph A. Schumpeter society"，简称 "ISS"。1986 年由 Wolfgang F. Stolper 和 Horst Hanusch 两位学者发起成立，总部设在德国的奥格斯堡（Augsburg）。学会的主旨是关注社会科学的发展问题，遵循熊彼特精神研究技术创新和经济结构变化的动态过程，以及企业和企业史问题。主要的活动方式，一是组织举办国际学术会议，二是赞助会议论文出版，三是奖励熊彼特理论相关研究。国际熊彼特学会每两年举办一次国际熊彼特学会会议，评审一次国际熊彼特奖。1991 年，国际熊彼特学会创办《演化经济学期刊》，该期刊由斯普林格出版公司出版。

国际熊彼特学会研究的重点是发达经济体的发展，会员主要为发达国家的学者，进入 21 世纪后开始关注新兴经济体和发展中国家的创新，吸收发展中国家的学者。目前的注册会员共 381 人，其中人数较多的国家及人数是：德国 65 人，美国 43 人，日本 38 人，意大利 34 人，荷兰 23 人，法国 17 人，英国 16 人，加拿大 16 人，澳大利亚 14 人，瑞典 12 人，巴西 11 人，中国 8 人（含中国香港 1 人）。非洲国家仅有 2 人，他们来自南非和喀麦隆。这个会员结构可以反映各国学者关注技术创新的程度，在某种意义上也折射出各国技术创新的水平。从中国的情况看，中国科学院和清华大学的学者比较早地加入国际熊彼特学会。

国际熊彼特学会由秘书长主持日常事务工作，同时还设立了管理委员会，主席任期为两年（一届），委员任期为四年（两届）。学会的历届主席为 Arnold Heertje（荷兰）、F. M. Scherer（美国）、Yuichi Shionoya（日本）、Ernst Melmstäeder（德国）、Gunnar K. Eliasson（瑞典）、Dennis C. Mueller（奥地利）、J. Stanley Metcalfe（英国）、Robert F. Lanzillotti（美国）、Franco Malerba（意大利）、Jean-Luc Gaffard（法国）、Maria da Graca Derengowski Fonseca（巴西）、Esben S Anderson（丹麦）、John Foster（澳大利亚）、Uwe Cantner（德国）、Jorge Niosi（加拿大）、Keun Lee（韩国）、Massimo Egidi（意大利）、Yao Ouyang（中国）、Maureen Mckelvey（瑞典）。在每届国际熊彼特学会会议期间，一般是会前召开管理委员会和执行委员会，会后召开学会全体大会，讨论和审议会议纪要、行政报告、财务收支、会议筹备、评奖情况和学术期刊等事项。

2016 年，我在加拿大参加第 16 届国际熊彼特学会会议期间，积极地同学会秘书长 Horst Hanusch 等专家交流，推介中国技术创新实践及理论研究的成就。通过执委会讨论，我被选举为国际熊彼特学会的执行委员。2018 年，在韩国召开的第 17 届国际熊彼特学会会议期间，我被选举为第 19 届国际熊彼特学会主席，Maria Savona（英国）和 Maryann Feldman（美国）任副主席，Stefano Bianchini（法国）、Jin Chen（中国）、Maria da Graça Derengowski Fonseca（巴西）、John Foster（澳大利亚）、Thoma Grebel（德国）、Alenka Guzmán（墨西哥）、AlbertN. Link（美国）、Luigi Marengo（意大利）、Elena Mas Tur（荷兰）、

Atsushi Ohyama（日本）、Manfred Prisching（奥地利）、Bastian Rake（爱尔兰）、Andrew Reed（加拿大）、Mehmet Teoman Pamukcu（土耳其）、Rögnvaldur SÆmundsson（冰岛）、Lakhwinder Singh（印度）等专家担任执行委员。

学会还有两位名誉主席，他们是在创新发展领域作出杰出贡献的前辈：美国哥伦比亚大学的 Nelson 教授是现代演化经济学的奠基人，他分析了技术进步是经济增长的首要力量，认为实物投资及人力资本主要作为技术进步的伴随物对经济增长发生作用；提出了企业进化论的基本理论框架，认为企业的成长是通过类似生物进化的三种核心机制——多样性、遗传性和自然选择性来完成的。意大利圣安娜高等学院的 Dosi 教授，在库思的科学范式思想的基础上分析技术进步的范式和轨道。他将范式纳入经济学的研究范围，提出了技术进步过程的分析框架，将技术和经济因素作为决定范式的变量，认为范式是以特定技术和经济均衡为基础的"进展"的概念，技术进步是在给定科技的条件下通过对多样性连续约束求解的过程。

在第 17 届国际熊彼特学会会议期间，我报告了在中国召开会议的设想，以及中国和长沙在技术创新和产业创新的成就，特别是袁隆平杂交水稻技术突破、机械工程产业技术创新的进展及其世界性贡献，进而提出 2022 年在中国长沙召开国际熊彼特学会会议的建议。一般来说，国际熊彼特学会主席有两项重要任务：一是组织一次国际熊彼特学会会议；二是组织一次国际熊彼特奖的评审。根据这个要求，我担任第 18 届国际熊彼特奖的评审团主席和第 19 届国际熊彼特学会会议的组委会主席。

二、国际熊彼特奖的评审过程

国际熊彼特奖是世界创新研究领域最高层次的学术奖励，在国际学术界具有很好的声誉和口碑。奖项每两年评选一次，每次评选出 1—2 项成果，奖金为 1 万欧元。2019 年，在意大利举行第 18 届国际熊彼特学会会议，会前需要评审团专家评选国际熊彼特奖，我担任评审团主席。国际熊彼特学会有个规定，每届会议的组委会主任不能担任本届的评审团主席，这是为了防止会议举办单位干预评奖过程，使国际熊彼特奖的评审更加客观公正，从制度上保障了国际熊彼特奖的学术水平及公正性和其权威性。

从历年评选的情况看，获奖者有 Christopher Freeman（1988）；W. Brian Arthur，Joel Mokyr，Manuel Trajtenberg（1990）；Christopher Green，Richard Musgrave（1992）；Elias Dinopoulos，Jean Fan（1994）；Maureen D. McKelvey（1996）；Masahiko Aoki，Frank R. Lichtenberg，Mancur Olson（1998）；Brian J. Loasby，Jason Potts（2000）；Steven Klepper（2002）；J. Peter Murman（2004）；Richard N. Langlois，Richard G. Lipsey（2006）；Mario Amendola，Martin Fransman，Jean-LucGaffard，Thomas McCraw，Philippe Aghion，Clifford T. Bekar，Kenneth I. Carlaw，Rachel Griffth（2008）；William Lazonick，Bart Nooteboom（2010）；Franco Malerba，Richard Nelson，Luigi Orsenigo，Sydney Winter（2012）；Geoffrey M. Hodgson，Keun Lee（2014）；Dengjian Jin，Shane Greenstein（2016）；John Mathews and Michael Best（2018）；Hiroshi Shimizu（2021）；Michael Peneder（2022）。这些获奖者，有的知名度非常高，也有的知名度不够高，评奖的原则是只看作品的学术水平，不看作者的身份和地位。比如，首次获奖的费尔曼（Freeman）教授是国际学术界以创新研究闻名的大师级学者，他在获奖作品《技术政策与经济绩效：日本的经济教训》中总结日本以技术创新为主导的发展模式后提出了国家创新系统理论；1998 年获奖的青木昌彦（Masahiko Aoki）教授是比较制度分析领域的开拓者，在获奖作品《比较制度分析》中，运用博弈论和均衡模型分析制度的源泉及影响，构建了比较制度分析的理论框架；2008 年获奖的阿吉翁（Aghion）教授是内生增长理论的领军人物，他在获奖作品《竞争和增长》中对企业创新作为经济增长的核心提出了一种调和理论。当然也有名家大师的作品没有获奖的情况，第 18 届国际熊彼特奖评审中，有一位国际学术界著名的创新理论前辈的作品没有获奖；第 19 届国际熊彼特奖评审中，有一位诺贝尔经济学奖获得者参与的作品没有获奖。

为了保障评奖的质量和信誉，国际熊彼特奖的评审规则和程序极为严格。具体地说，一是会议举办单位不能作为当届评奖的负责人，二是每个国家仅邀请一位评审团成员，三是遵循利益相关者回避原则，四是每个专家都要评阅每一个参评作品，五是完全按照评分和投票结果选择获奖作品。第 18 届国际熊彼特奖的评审过程如下。该届会议原定于 2020 年 7 月召开，学会秘书处提前一年时间就在网站发布了评奖公告，到截止日期共收到作品 23 件。学会按照三个条件对作品进行初选：一是与本届会议主题相关的作品，二是尚未出版或在一年内出版的作品，三是思想观点及分析方法有创新的作品。通过筛选认定，17 部著作可以进入匿名评审程序。然后组织专家评审团，我担任评审主席，来自德国、中国、意大利、瑞典、荷兰的专家担任评审成员。仔细阅读这些著作后，评审专家按照"A、B、C、D"四个档次投票。第一轮投票后，5 部著作进入第二轮投票，结果显示仅有 1 部著作符合进入第三轮评审的要求，所以没有再进行投票就确定在两轮投票中得到"AAAA"评价的 1 部著作获国际熊彼特奖。这部著作为《通用技术、衍生产品和创新》，其作者为日本早稻田大学的 Hirohsi Shimizu 教授，由斯普林格出版社出版。这是所有评审专家公认的优秀著作，其作者细致地研究了美国和日本激光二极管的技术发展，通过档案文件和口述历史访谈，分析研发人员之间的竞争、他们所处的广泛的社会和经济体系，围绕激光技术的衍生产品和创新之间的动态过程，揭示了如何培育一棵树干粗壮的大树（通用技术）以收获丰富的果实（衍生产品）的路径和规律性。

三、国际熊彼特会议的组织

国际熊比特学会会议每两年召开一次，迄今已举行 19 次会议：德国 2 次，美国 2 次，瑞典 2 次，意大利 2 次，英国 1 次，法国 1 次，荷兰 1 次，日本 1 次，奥地利 1 次，巴西 1 次，丹麦 1 次，澳大利亚 1 次，加拿大 1 次，韩国 1 次，中国 1 次。我参加了三次国外的会议，即加拿大蒙特利尔会议、韩国首尔会议和意大利罗马会议，组织召开了中国长沙会议。由于受到新冠肺炎疫情的影响，罗马会议和长沙会议均以线上、线下结合的形式举行。

2016 年蒙特利尔会议的主题是"跨越鸿沟"。该届主席是魁北克大学的 Jorge Niosi 教授，他在国家创新系统研究领取具有国际性影响力，他重点研究了创新的过程及其与商业模式的联系。会议主要围绕创新、创新政策、经济发展、演化理论、管理创新、企业家精神以及宏观经济学、微观经济学、经济系统、数字经济和熊彼特改进等问题开展演讲和讨论。2018 年首尔会议的主题是"创新追赶与可持续发展"。该届主席是首尔大学的 Keun Lee 教授，他是首尔大学经济追赶中心主任，韩国总统直属国民经济咨询委员会副议长，联合国发展政策委员会成员，经济追赶研究和亚洲经济体研究领域的著名专家。会议主要围绕熊彼特创新理论以及创新系统、创新政策、数字经济、创新管理、专利与知识产权等问题进行了讨论。第 18 届国际熊彼特学会会议原定于 2020 年 7 月在罗马举行，受新冠肺炎疫情的影响推迟到 2021 年 7 月以线上、线下结合的形式举行。会议主题是"熊彼特式的观点：机器人、人工智能和广泛的社会变革"。该届主席是路易斯大学的 Massimo Egidi 教授，他曾经担任学校校长，主要研究组织和机构的有限理性行为，从认知科学的角度分析熊彼特的创造性反应。会议主要围绕人工智能治理、制造业数字化、复杂的发展中经济体、熊彼特经济学、经济系统的协同演化、技术变革和全球价值变革、企业家创新、创新的源泉和创新的组织维度等问题展开演讲和讨论。

2022 年长沙会议是国际熊彼特学会会议首次在中国举行，根据国家防疫政策，以线上、线下结合的形式召开。借鉴参加三次会议的经验，我们进行了认真的谋划和组织。首先是会议主题的设置，将主题确定为"技术革命和全球可持续发展的新动能"，这是各国经济学家和政策制定者需要考虑的世界性重大课题。我在开幕式致辞中提出：我们应该遵循通过创造性破坏实现经济增长的熊比特范式，从新技术变革中寻求全球可持续发展的新动能。在这里，有三个问题值得研究和思考：第一是当代技术变革的趋势和特征，以及怎样利用技术变革促进可持续的发展；第二是当代发达国家技术变革效应，以及怎样通过新的技术突破实现新的增长；第三是当代新兴国家技术变革路径，以及怎样通过技术创新跨越"中等收入陷阱"。我们应该沿着熊彼特开辟的道路前行，推动创新理论和演化经济学的深化研究，将创造性破坏的力量引向可持续和包容性的繁荣。

根据会议的主题，我们于 2021 年 10 月在国际熊彼特网站发出会议公告，到截稿日期共收到投稿 116 篇，经过学术小组审核后接收论文 71 篇。论文作者来源比较广阔，主要来自德国、中国、英国、法国、意大利、瑞典、日本、韩国、印度、巴西、墨西哥、波兰、南非等 20 多个国家，涉及欧洲、亚洲、北美洲、南美洲和非洲地区。中国学者主要来自北京、上海、广州、香港和长沙。我们根据论文内容进行分类，设置数字经济与人工智能、产业创新与结构转换、企业创新与绿色经济、知识经济与技术合作等平行论坛。全体大会的演讲专家为全球创新研究领域的 17 位知名专家。在首场演讲中，我们考虑了有代表性的专家和题目：首先是英国社会科学院院士、牛津大学傅晓岚教授，围绕"技术革命和全球可持续发展的新动能"的会议主题进行概述性演讲；然后是国际熊彼特学会创始人、奥格斯堡大学汉思奇教授围绕"在一个颠覆性变革的世界里，熊彼特要告诉

我们什么"的主题阐述熊彼特思想;最后是发展中国家科学院院士、北京大学林毅夫教授围绕"产业结构和技术创新——新结构经济学的视角"的主题阐述新结构经济学中的技术创新问题。

在各场大会演讲中,美国哥伦比亚大学理查德·纳尔逊教授探讨演化视角下的经济发展,塞尔维亚贝尔格莱德经济科学研究所米尔贾纳·拉多维奇·马尔科维奇教授探讨个体学习与就业之间的关系,德国耶拿大学乌维·坎特教授剖析技术变革时代的技术灵魂,清华大学陈劲教授剖析创新与现代化的互动演化,荷兰马斯特里赫特大学巴特·韦尔斯帕根教授梳理经济学复杂性研究的过去、现在与未来,韩国首尔国立大学李根教授分析技术生命周期的经济学,浙江大学吴晓波教授探讨第六代创新的崛起,英国苏塞克斯大学玛利亚·萨沃纳教授探究数据价值的政治经济学,美国北卡罗来纳大学教堂山分校玛丽安·弗尔德曼教授提出我们正处于技术变革的中间阶段,意大利路易斯大学路易吉·马伦戈教授讨论技术与组织的复杂性演变,华中科技大学张建华教授探究服务业供给侧结构性改革与中等收入陷阱跨越,日本早稻田大学清水博教授阐释促进就业与技术发展之间的关系,复旦大学寇宗来教授探讨企业家精神与中国奇迹的发现,法国斯特拉斯堡大学斯特凡诺·比安奇尼教授提出迈向数字化的可持续社会。

国际熊彼特奖颁奖仪式安排在首场演讲之后,由耶拿大学 Uwe Cantner 教授主持,评奖专家代表 Patrallel Llerena 教授简要地介绍评审过程和结果,宣布奥地利经济研究所的 Michael Peneder 教授的著作《熊彼特的风险投资》获奖,这部著作是由牛津大学出版社出版的。然后,获奖者 Michael Peneder 教授发表获奖感言,他身着西装,充满激情和自信。

根据牛津大学傅晓岚教授和清华大学陈劲教授建议,我们将《牛津中国创新手册》新书发布会纳入会议议程。这部书由傅晓岚教授、陈劲教授和悉尼科技大学布鲁斯·麦克斯教授共同主编,主要探讨中国成为创新领导者的能力和战略,汇集全球专家学者关于中国创新发展的观点和见解,阐述中国走向创新领导者的道路。对于利用国际熊彼特学会会议这个国际性平台,传播中国的创新道路和经验,我们觉得是一件特别有意义的事情。

(作者为湖南师范大学商学院教授,上海大学经济学院特聘教授)

论文话题选择：跟随热点
还是选自己喜欢的？

包　特

随着学术界竞争日趋激烈，"内卷"态势激增，很多年轻研究者都常常面临重大问题的挑战：写论文是为了发得好而跟热点，还是"我手写我心"，选择自己喜欢的话题就好？

对于这个问题，每个人的看法会不一样。事实上，即便是同一个人，在职业生涯的不同阶段，或者处于不同心境下时，回答也可能不同。

对此，一种流传比较广的说法是：在读博时以及获得终身教职之前，应该一切以发表为先，话题应该尽量跟随当前热点；而拿到终身教职以后，可以多考虑兴趣，那时候就做什么都行了。

我在很长一段时间也觉得这是一种非常有道理的说法。但最近，在和一些很成功的资深学者聊天后，我反而获得了一些不同的见解。他们中很多人都提到在决定"看什么发得好做什么"之前，我们至少还需要思考以下的问题：

首先，一个顶级学者和团队"发得好"，或者看起来"好发"，不代表后面跟着做的人也能发得好或者"好发"。同样一个话题，由于执行力、写作能力、"营销能力"不同，顶级学者和团队做出来可能发得顺风顺水，而普通学者因为各方面的差距在发表过程中可能会遇到诸多不顺利。同时，如果一个领域内很多普通学者都抱着这种心态跟随顶级学者和团队的话题进行研究，那么很可能导致：面对同一个话题，顶级学者做的时候，成果十分稀缺，边际价值极大；而后来的研究者就面临成百上千的竞争者，即便成果更好，其稀缺性和边际贡献也都会打折了。

其次，客观来说，一个经济学话题热不热，很多时候是由现实社会面临的问

题决定的。印象比较深刻的是，我找工作的时候，由于金融危机之后各国政府和大众都很关心银行监管问题，所以只要是银行监管有关专业的毕业生，都很容易找工作，也容易发论文。那个时候经济形势不好，各国通胀率也不高，做通胀研究的人就没那么吃香。但到了2022年，由于欧美各国产生了通胀大幅抬头，所以通胀一下子变成了很热门的话题。与之相关的人和研究都会受到更多关注，并得到更多机会。而这种现实经济景气与大众关心的焦点，其本质是不可预测的。特别是经济学研究需要的时间比较长，如果看到热点再跟，就很可能跟在了热点的尾巴上。

再次，不同研究话题的前期"沉淀成本"，和对其他话题研究的"溢出性"和"迁移性"是不一样的。一些研究领域需要的前期投入很大。如果研究不能取得成功，那么这些投入对于研究其他话题可能也没有太大用处。对于这样的研究领域，进入之前可能需要格外慎重。同时，有一些研究的前期投入不大，或者投入以后即便不能在这个话题上取得成功，但其相关技术和思想也可以用于其他领域，那么这样的话题可能风险就小一些。

我实际观察到，大概也有如下趋势：研究热门话题虽然成功的人多，成功上限高，但这种多和高是建立在做的人特别多的基础上的。如果除以参加的人数和大家投入的精力，可能它实际的成功率和对单位努力的回报也不是那么高。而为了自己的兴趣敢于做一些"小"或"冷"的话题，虽然客观上会因为市场需求小，整个领域话语权不足等而短期成功上限比较低，但从长期来看，在生存概率和成功率上未见得就吃亏了。

和任何一份工作一样，学术工作也有很多不容易和不得不为了生存而考虑的事情。在这种情况下，如果考虑周详，适当加入热门前沿领域的大军，完全是值得鼓励和称赞之举。但倘若你恰好对于学术生活中独特的"孤独"心态和过"窄门"有一定执念，而宁可选择一些偏冷门或处于萌芽状态的话题，那我也希望你不要过于担心。因为一来，理想主义的花未必不能结出世俗成功的果；二来，给定命运是变幻莫测的，既然已经选择了以学术为业，我们也应该拥有一颗"三军可夺帅也，匹夫不可夺志也"的勇敢的心。

（作者为新加坡南洋理工大学经济学长聘副教授，南洋理工大学—微众银行金融科技研究中心研究员）

漫谈学术论文分类[①]

荆林波

2022 年 7 月 2 日，中国社会科学院财经战略研究院与有关机构联合举办公益学术讲座，主题是"经济学论文的选题和写作——期刊编辑的视角"。我受邀分享了"从期刊评价视角看：论文选题与写作规范"的内容，依次聆听了有关期刊负责人的讲座。特别是与 2400 多名线上听众的互动交流，令我深受启发。我由此写下此篇拙作，以赏各位茶客。本文主要探讨学术论文的分类，结合国内外经济学"大咖"的论文，分享论文的选题，最后做经验总结。

关于学术论文的分类

学术论文的分类，有不同的分法。如果按照论文的重要性来划分，学术论文可以分为以下几类。

第一类论文是毕业或结业论文，即对一段学习状况进行检验，以获得学位证书、毕业证书或者结业证书为目的的论文，包括本科生毕业论文、硕士研究生毕业论文、博士研究生毕业论文以及在职的课程班毕业或结业论文。

第二类论文是以发表为目标的期刊论文。目前，我国人文哲学社科领域包括四大评价体系，即 A 刊、B 刊、C 刊和 D 刊。A 刊是指被纳入中国社会科学评价研究院研制的期刊 AMI（A，吸引力；M，管理力；I，影响力）综合评价指标体系的刊物。2014 年中国社会科学评价院发布了《中国人文社会科学期刊 AMI 综

---

① 作者感谢中国社会科学院财政战略研究院参加会议的专家们的建议,感谢同门师生的修改意见。

合评价报告》；2021 年 5 月，《人文社会科学期刊评价（GB/T 40108–2021）》和《人文社会科学智库评价（GB/T 40106–2021）》国家标准获得国家市场监督总局与国家标准委员会的批准，12 月 1 日正式实施，这是我国人文社科历史上的首次。同时，上述两项成果获评 2021 年中国社会科学院创新工程重大科研成果。B 刊是指被纳入北京大学图书馆主办的《中文核心期刊要目总览》的刊物。C 刊是指被纳入南京大学中国社会科学研究评价中心研制的《中文社会科学引文索引》（CSSCI）的刊物。D 刊是指被纳入武汉大学主办的《中国学术期刊评价研究报告》的刊物。2018 年，中国社会科学评价院又推出了《中国人文社会科学期刊 AMI 综合评价报告（2018）》，对我国人文社会科学领域的 1291 种期刊进行了评价，最终评选出 5 种顶级期刊、56 种权威期刊、519 种核心期刊。此外，还有扩展期刊和入库期刊，期刊的评价层级更加丰富。

第三类论文是教学过程中的课程论文，一般不会发表，以课程考核为目的。

如此划分，我们看得很清楚，第一类毕业或结业论文最为重要，直接关系到学生能否顺利走出校门乃至指导老师的声誉，这些论文大多数要进入论文库，供他人查阅。第二类以发表为目的的期刊论文居次位，有的学校要求毕业生发表一定数量的核心期刊论文，以此为学生获得学位的必要条件，尽管国家有关部委三令五申禁止这种做法，但此类"潜规则"仍然存在。由于发表周期较长（一般核心期刊的审稿周期 3 个月）以及投稿采用比例较低（"牛刊"的采用比例不到 1%），如《新疆师范大学学报（哲学社会版）》明确"专家约稿量占年度发稿总数的 90% 以上"，带动了一批核心期刊纷纷效仿，所以真正通过投稿被采用的文章寥若晨星。相对来说，只有第三类教学考核的课程论文，令学生们感觉压力较小。

如果按照论文内容对学术论文进行分类，那么，我们认为可以将学术论文分为如下 9 类。以每一类论文的第一个英文字母为代表，正好是"rest cedit"，具体而言，参见表 1：

表 1　关于论文的分类

开头字母	英文	中文
r	review	综述
e	editorial	社论

开头字母	英文	中文
s	status analysis	现状分析
t	time-series analysis	时间序列分析
c	comparative analysis	比较研究
e	exploration	探索
d	debate	争论
i	innovation	创新
t	theory	理论，学说，原理

1. 综述类论文

一般来说，综述类的论文可以分为归纳类型的综述和评述类型的综述。归纳型的综述要求较低，一般只需要按照时间先后或者按照主题逐一梳理，说清楚来龙去脉即可。而评论型的综述则要求作者对某个主题不同阶段的研究状况做出客观评价，肯定其可取之处，分析空白领域，指出未来的研究方向。法国国家科学研究院（CNRS）功能与进化生态学中心的马尔科·帕拉西奥斯（Marco Pautasso）研究员曾经撰文，明确列出了综述的十个原则，包括：确定主题和读者；文献检索与再检索——要全面地在不同数据库中检索，再检索；要做好笔记；科学地选择综述的类型；综述要聚焦核心问题，避免泛泛而谈；保持批判性，保持前后一致性；设计清晰的逻辑结构；倾听同行的建议；客观公正地评述前人研究和自己的研究；兼顾最新进展与年代久远的"睡美人"。

2. 社论

在英文中，社论是 editorial 或 leading article，也称 leader。意思是指"意见领袖"。一般是"总编评论文章"或者"首席评论文章"。

第一，社论要代表编辑部的立场；第二，社论是针对重大事件的发声；第三，社论的目的在于引导舆论走向。一般而言，社论是定向约稿，大多数青年学者（"青椒"）是没有资格写宏大的社论文章的。当然，社论又有具体的细分，有的社论倾向于阐释某一主题，有的社论倾向于批评某种思潮或者错误导向，也有的社论是为了纪念某个特定节日。

3. 现状分析类论文

这类型论文比较常见，一般包括对现状的描述、存在的问题、对策建议三个

部分。比如：对某产业的现状分析，可以用产业经济的知识做产业的市场结构分析，利用 SWOT 分析法做环境分析，解读产业的生命周期，分析产业的集中度，最后提出产业发展的对策建议。可以说，一个好的现状分析论文涉及宏观层面（包括经济、社会、政治、法律等层面）、中观（产业）层面和微观层面（包括企业的治理结构、上下游原材料供应、生产、营销、财务、客户关系管理等层面）。目前，投行写此类研究报告和学术论文已经很到位，许多工商管理硕士也喜欢选择现状分析论文为毕业设计。

4. 时间序列分析类论文

我们这里不是强调时间序列这个分析方法，而是强调针对重大时点的论文选题。比如，改革开放 40 年、建党百年、"入世" 20 年等相对长周期的论文写作。在写作此类论文时，可以回顾发展路径，展示取得的成绩，总结经验教训，为未来的发展探求方向。也有相对短周期的研究论文，比如十八大以来某主题的研究、十九大以来某领域的进展，最近两年关于"十三五"的总结和"十四五"的规划研究，都属于此类型。其实，有心的作者都是提前谋划，针对这些重要时点做足准备，等待恰当的出版时间，适时发声。

5. 比较研究类论文

比较研究方法的最初运用可追溯到古希腊时代，先哲亚里士多德在《雅典政制》一书中对 158 个城邦政制宪法进行了比较。一般而言，比较研究按属性的数量，可分为单向比较和综合比较；按目标的指向，可分成求同比较和求异比较；按时空的区别，可分为横向比较与纵向比较；按比较的性质，可分成定性比较与定量比较。我们认为，樊纲老师的博士论文是此类论文的代表作，他的博士论文《现代三大经济理论体系的比较与综合》，系统分析了新古典主义、凯恩斯主义和马克思主义三大体系，是一篇博士论文的范本。

6. 探索类论文

探索或者初探类型的论文是对某些未知事物或者新生事物做出的尝试性研究，以期获得某些成果。此类论文往往在重大历史时刻或者重大决策问题上会多出现。比如，关于建立和完善社会主义市场经济体制问题：如何处理计划经济与市场经济的关系？如何认识发展生产力？如何看待国有经济的改革？如何应对对外开放，"以市场换技术"是否可行？类似的重大经济问题，催生了大量的经典论文，也培育出一批有思想、有能力的经济学家，尤其以参加巴山轮会议的专家为代表。

7. 争论类论文

争论类型的论文是最受读者关注的，但是，也是最难组稿的，其中一个原因在于：学术圈内有较为明晰的门户之分，而争论类型的论文容易引起门派之争，再加上我国传统文化中"和为贵"的导向，学者面子比较薄且不愿意因争论"树敌"，所以从根本上说，我国缺乏"百家争鸣"的学术土壤和学术环境。尽管如此，我国的经济学界也出现过一些重要的争论。比如，著名经济学家吴敬琏与厉以宁老师之间的争论，被冠以"吴市场"与"厉股份"的争论。再比如，林毅夫与张维迎之间的交锋，包括：1995 年，关于国企改革的方向问题的争论；2004 年，关于中国经济发展的预期的争论；2014 年，关于政府定位与后发优势的争论；2016 年，关于政府作用与产业政策的争论。应该说，每一次争论都引发了经济学界乃至全社会的广泛关注，衍生出大量的学术论文。最近几年，比较引人关注的争论是关于中国学派的话题交锋。中国社科院金碚老师发表了《试论经济学的域观范式：兼议经济学中国学派研究》一文，此文引起学术界的争论；南洋理工大学黄有光老师接着发表了《经济学何去何从？——兼与金碚商榷》；很快，金碚老师又发表了《经济学：睁开眼睛，把脉现实——兼与黄有光商榷》；到 2020 年，金碚老师又发表了《论中国特色社会主义经济学的范式承诺》，应该说把该问题的争论推向了新高度。

8. 创新类论文

我们根据创新程度与时间维度把创新类论文分为四类，参见图 1。很显然，陈词滥调类型的论文最不受欢迎，而新兴领域的创新论文最有前景。而引入新的方法，进行创新研究的论文，则是最具成长性的。比如，博弈论被引入信息经济学，众多经济学家因此获得了诺贝尔经济学奖。同样，赫伯特·亚历山大·西蒙（Herbert Alexander Simon，司马贺是他的中文名字）在 1975 年获得了美国计算机协会的图灵奖，由于他将心理学、信息学、社会学和管理学的知识融合起来，创造出"有限理性"和"满意度"等术语，在 1978 年荣获诺贝尔经济学奖。之后，丹尼尔·卡尼曼（Daniel Kahneman）再次把心理学的方法引入经济学，对不确定条件下的人类决策行为进行研究，也因此获得了 2002 年的诺贝尔经济学奖。

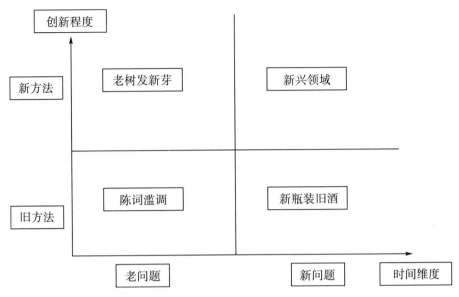

图 1　创新论文的矩阵

众所周知，美国的著名经济学家威廉·阿瑟·刘易斯（W. Arthur Lewis）在 1972 年发表了论文《对无限劳动力的反思》，提出了自己的"二元经济"发展模式，创新地指出了"刘易斯拐点"的存在。而我国的著名经济学家、中国社会科学院的蔡昉老师在国内最早关注了"刘易斯拐点"给我国经济发展带来的挑战。对此，他发表了一系列文章，出版了专著，由此获得了众多国内经济学的奖项。

再比如，江小涓老师是我国研究产业经济和对外开放的著名经济学家。从 21 世纪之初开始，江小涓老师开始拓展研究服务经济领域，基本上每年都在国内的顶级期刊（《中国社会科学》《经济研究》《管理世界》）上发表代表性论文，成为研究服务经济的标杆性人物，引得后人只能仰慕。

9. 理论

这是论文的最高境界，一篇论文推动了某个学派的形成，成为进入教科书的某个原理。当然，只有为数不多的著名经济学家可以达到此学术顶峰，从而形成自己的学派。

小　结

学术论文写作是一个历练，因此，作者要耐得住寂寞，文章应经得起推敲。

我特别赞赏著名经济学家、中国社会科学院的朱玲老师，她多年孜孜不倦、持之以恒，关注农村减贫、卫生经济学、性别不平等、贫困人口食品保障研究等领域，坚持田野调研，坚持"论文数量不在多而在精"。

最后，我想引用蔡昉老师的一段话，与大家共勉：与有些同行不尽相同的是，我不把从事经济研究看作致富手段，而是当作一种生活方式，工作时把经济研究当作职业，休息时把经济问题的思考当作休闲。经济学与所有学问一样，博大精深，穷一生也难以知其一二。面对这种永远不可企及的目标，说乐在其中不尽恰当，但你尽可以在追求中或悲或喜，患得患失。而这就是人生。

（作者为中国社会科学院大学教授、中国社会科学评价研究院研究员）

我是这样指导学生研究小三线建设的

徐有威

　　我在 21 岁那年（1985 年）从复旦大学历史系本科毕业，成为大学老师，1999 年开始担任硕士研究生导师，2005 年招收博士研究生和博士后。2009 年，我开始有计划组织和指导上海大学校内外、从本科生到博士后到青年教师做小三线建设研究。现在回想起来，这是很值得回味的。

一

　　正如我在《小三线大格局：小三线建设研究八载忆述》（载《经济学家茶座》2021 年第 3 期）中描述的，我第一次知道小三线，是在 2008 年 12 月 29 日。从这时开始，我和我上海大学历史系的学生摸着石头过河探索小三线建设研究的理论和方法。随着时间的推移，把小三线建设研究作为中国当代史一个学科分支进行全方位建设的理念，在我的脑海中逐渐形成。从 2009 年开始，我就有计划地安排我的硕士和博士研究生做有关小三线建设的研究。截至 2022 年 6 月，这 13 年持续不断在全国范围内进行口述史采访，进行档案资料的收集和整理。我们这个团队收集到的小三线档案资料和其他资料，折算为文字量约 3 亿字，口述史资料约 500 万字。这些冷冰冰的数字现在还在不间断增加，它们已经成为小三线建设研究王国的坚实基石。其中已出版的包括《口述上海：小三线建设》、《小三线建设研究论丛》（第一至七辑）和《新中国小三线建设档案文献整理汇编（第一辑）》（8 册）等。在此基础上指导学生完成各自的学位论文，包括 23 篇硕博士论文、1 篇博士后出站报告。往后两年，我会继续指导有关小三线建设的 4 篇硕士论文。同时，用目前各种可以想象到的方式将研究成果予以出版和传播。

表1　笔者指导上海大学历史系学生完成的有关小三线建设研究的学位论文清单

序号	论文题目	类别	毕业时间
1	危机与应对：上海小三线青工的婚姻生活——以八五钢厂为中心的考察	硕士论文	2012
2	上海小三线社会研究	博士论文	2013
3	上海小三线的调整与改造——以安徽省贵池县为例	硕士论文	2013
4	上海媒体报道与上海小三线建设（1965—1988）	硕士论文	2014
5	从计划到市场：国企生产与管理的研究——以上海小三线建设为中心	硕士论文	2015
6	上海小三线建设调整研究	博士论文	2016
7	在革命与生产之间：上海小三线建设研究（1965—1978）	硕士论文	2016
8	小三线企业的环境问题与治理研究（1965—1988）	硕士论文	2017
9	妇女能顶半边天：小三线建设中的女性研究——以上海为中心	硕士论文	2017
10	上海小三线建设后勤保障研究	硕士论文	2018
11	上海小三线的职工教育研究（1965—1988）	硕士论文	2018
12	上海小三线企业报《八五团讯》研究	硕士论文	2019
13	国企改革背景下的小三线军工企业改革——以江苏淮阴地区为例	硕士论文	2019
14	上海小三线建设交通安全问题研究	硕士论文	2020
15	上海小三线医疗卫生事业研究	硕士论文	2020
16	小三线企业治安保卫工作研究——以上海和江西为中心	硕士论文	2020
17	安徽小三线调整与地方经济社会发展研究	博士论文	2021
18	上海小三线军品质量问题研究	硕士论文	2021
19	江西小三线增产节约运动研究	硕士论文	2021

续表

序号	论文题目	类别	毕业时间
20	上海小三线企业工资改革问题研究	硕士论文	2021
21	江西小三线建设研究（1964—1984）	博士后论文	2021
22	生存的艺术：上海小三线单位与职工研究（1965—1988）	博士论文	2022
23	上海小三线工会工作研究	硕士论文	2022
24	上海小三线共青团组织研究	硕士论文	2022
25	上海小三线企业劳动保护研究	硕士论文	2023
26	上海小三线企业民兵工作研究	硕士论文	2023
27	小三线企业厂志研究	硕士论文	2024
28	江西小三线调整改造研究	硕士论文	2024

在上海大学历史系做好分内工作之余，我还完成了一些力所能及的工作。我偶然发现，我的一位同事的硕士研究生陈和丰同学的爷爷奶奶都是上海皖南小三线建设在安徽泾县一家企业的员工。我帮助联系了永源公益基金会，得到他们的资助，在2014年协助和丰拍摄了以他的爷爷奶奶小三线故事为内容的文献纪录片《凡人歌》，此片荣获第一届"'家·春秋'——大学生口述历史影像记录计划"的最佳人气奖。我也以此荣获最佳导师奖。《中国青年报》记者宣金学曾经在2015年4月8日以"90后书写的彩色历史"为题报道此事。2021年，上海大学社会学院的硕士研究生李泰同学对小三线有兴趣。我就让他用旅行拖箱，拖回去了一箱子未刊资料，帮助他完成了毕业论文《从分化到统一：上海小三线工人的集体记忆研究》。这应属于"搂草打兔子"吧。

研究工作虽然辛苦，但也不乏温情难忘的时刻。记得在2010年，我们在上海采访参与皖南小三线建设的一对年过九旬的老同志夫妇，提前一天电话约定好第二天上午九点去他们的寓所会面。第二天一早，我和我的第一位做小三线建设研究的硕士研究生吴静同学，七拐八拐找到了老同志的住所，但无论是打电话还是按楼下的门铃，都没有任何反应。我们马上到小区的物业和活动室寻找，但也没有看到他们的身影。最后我们进入他们的大楼，在门口直接敲门，也没有反应。我估计他们大概因故走开，于是问他们热情的邻居借来两个板凳，我们二人就坐在大门口等着。半个小时过去了，一个小时过去了，我因为有事不得不走了。我嘱咐吴静同学继续等着，看看有没有机会。下午吴静同学结束采访回到大学，她告诉我，老同志夫妇知道我们要去采访，激动万分，晚上睡不着吃了安眠药，上午一直在酣睡，所以没有听到电话铃声和门铃声。直到中午十二点药力退去，醒来开门办事，才看到吴静同学坐在那里。我告诉吴静同学，宋代有个程门立雪的故事，我们自然不敢和千年古贤比肩，但是我们已具备了这样的精神。

我平时千叮咛万嘱咐各位同学，在进行研究的过程中，要写好日记和笔记，把自己的研究过程尽可能完整地记录，相当于田野调查报告。令人感到欣慰的是，他们一直记得我的嘱咐，一些同学把他们的工作日记和笔记整理出来，其中的部分内容被我收入由我和中国社会科学院当代中国研究所陈东林研究员主编的《小三线建设研究论丛》中，还有部分已上线"澎湃新闻"，以后有机会再结集出版。《我所经历的上海小三线田野调查》《触摸鲜活的历史：我亲历的小三线研究》《那些上海小三线女职工》《江苏淮安小三线口述采访日记》《为小三线治安工作研究打底色：我的上海大学保卫处实习日记》《暑假四川小三线寻访记》，看看各位同学小三线研究回忆录文章的题目，大概就知道他们的研究经历和人生感悟了。

由于小三线研究前无古人，没有任何线索和路径可以参考，我们师徒只能通过两个途径寻找研究课题的具体线索，第一是口述史，第二是档案。例如，在口述史采访中，我们经常听老同志提及企业中的军代表，于是我们相继采访了上海、安徽和北京一些健在军代表，结合档案完成了这个研究。我和我的博士生周升起的论文《小三线建设时期驻厂军事代表制度实践及其困境》在《史林》刊登后，还被《新华文摘》"论点摘编"栏目转载。在阅读档案时，我们也会发现问题。记得我的硕士研究生杨帅同学在一家小三线企业埋头拍一屋子档案的照片时，颇有灵气的他边拍边头也不抬地告诉我：老师，这里可以写一篇，那里也可以写一篇。灵感往往来自汗水，但肯定是在一定量的背景知识储备的基础上产生的。

我经常和我的研究生聊天，做小三线研究，我们师生绝对是互相成就。你们毕业后如果不在高等院校工作，大概率不会再研究小三线。几十年后，如果偶记起大学期间做小三线研究的趣事残片，把它们作为人生经历告诉儿女，我这位老师也就深感欣慰了。

二

如果说在上海大学历史系指导学生是我的职业本分，那么有计划、有步骤地指导上海大学历史系以外的学生，则是我的小三线研究整体规划中的一个极其重要的环节，是我这些年来坚持不懈努力的目标。

凡是知道小三线建设情况的朋友都清楚，1960—1990年代的小三线企事业单位分布在全国所有的省、区、市，我要对小三线进行完整的研究，仅仅依靠上海大学历史系的学生是远远不够的，只有尽可能在全国乃至全世界范围内，组织动员对这个课题有兴趣的学生，把他们的特长发挥到极致，全国的小三线研究才有可能得到可持续的稳步发展。

首先，我利用去各地收集整理材料和口述史采访，以及参加各类学术会议的机会，在各地同行朋友的帮助下，在全国各高校历史系举办小三线讲座，挖掘潜在的有兴趣的研究者（包括老师和学生）。据不完全统计，这些年来，我已经在北京等地与包括中共中央党校在内的三十多家高校和广大师生进行了面对面的交流。在有的大学已经做讲座不止一次。从西宁到南京，从海口到长春，无论是双一流院校、各级党校还是地方高职院校，只要是曾经有过小三线项目的地方，就是我讲座的目的地。

其次，近年来线上会议和讲座日益频繁，我也借此结交了不少青年朋友。2022年6月15日，我应江西南昌的"新芝学术"的邀请，首次尝试了举行线上讲座。300多位听众踊跃参与，我结交了其中几位有研究兴趣的青年朋友。通过网络世界，一些海外学生也和我取得联系。记得我在青海西北部靠近新疆的一个小镇出差的晚上，我意外接到瑞士日内瓦大学经济系一位中国博士留学生的微信电话，他有意建模研究三线建设。日本京都大学商学院硕士研究生陈小姐，通过电邮联系上我，最后她完成了全世界第一篇研究小三线建设的英文硕士学位文章。海内存"网络"，天涯若比邻。此所谓也。

再次，我通过组织三线建设学术会议结交新锐朋友。2012年以来，在各位学术界朋友的帮助和支持下，我已经组织了五次全国性的学术会议，越来越多的青年朋友争先恐后报名参加这类会议，而我特别欢迎在读硕士和博士研究生参加。

　　结识这些有志才俊后，我就具体介绍已有的研究方法和路径，同时把已有的各类研究资料赠送给他们，尽可能向他们介绍获取资料的各种路径，推荐有价值、可操作的研究课题，最后尽可能把他们的研究成果推荐出版。他们中的不少人都非常优秀，我就请他们把各自的成长经历写下来，以此激励遇到同样困难、困惑的同龄人。山东师范大学历史学专业本科生朱焘就是其中突出的一位，他的小三线研究回忆文章《蹒跚学步：我的江西小三线建设学习与研究》讲述了他小三线研究过程中的辛苦，非常精彩。

　　2019年4月29日，我有机会去山东师范大学历史文化学院做小三线建设研究的讲座，受到毛锐院长的热情款待，同时也认识了刘本森教授和他的高足刘世彬同学。我向他们介绍了我目睹的山东省档案馆小三线的馆藏情况，建议世彬对山东小三线早期建设中的民工问题着手研究。山东师范大学校园距离山东省档案馆单程需要近两个小时，我鼓励世彬每天一早去等着档案馆开门，下午和工作人员一起下班，争取充分利用每次去的时间。冬去春来，兢兢业业的世彬顺利完成了他近十万字的硕士论文，同时他们师徒合作的文章《山东小三线建设中的民工动员》在《当代中国史研究》2020年第5期刊登了。据悉这篇文章从投稿到出版，只有7个月时间。这样的出版速度，在历史学界实属罕见。我由衷地祝贺他们。不久世彬考取了华东师范大学马克思主义学院的博士生，师从中国当代史著名的学者韩钢老师攻读博士学位，继续走在学术研究的道路上。

　　《孟子·尽心上》说君子有三乐，其中第三乐为"得天下英才而教育之"。近年来，我接触过的全国各地青年才俊的数量，远多于我在上海大学历史系那些有"名分"的学生。小三线建设的研究是属于我们这代人的，也是属于年轻一代的。有机会和这些来自全国各地的青年人在春暖花开的时节里，面朝大海，开疆拓土，目睹他们逐步成为小三线建设和三线建设的研究生力军，何其幸哉！

　　除了培养学生，我的儿子也被我有计划带入小三线研究培养体系中。我曾经特意带着当年才读高二的儿子一起深入安徽泾县和山东蒙阴的深山沟，考察小三线旧址。记得那个晚上，在安徽泾县我们居住的农舍床板上，布满了一种我们父子从未见过的暗红色小虫子，请教房东后才知道这是大名鼎鼎的臭虫。儿子曾经写过一篇文章《跟着爸爸走小三线》，他眼中的小三线和我们这些小三线研究者是这样的：

在山东蒙阴小三线，我们住的地方属于岱崮地貌，四周的丛山就像一座座高山城堡，戴着平顶帽子，构成一幅奇异的景色。旧时的军工厂工人宿舍经过精心修复，成了古朴典雅的招待所。当地人别具匠心地在这些房间的墙上糊着1978年的旧报纸——《人民日报》和《北京日报》。即使岁月已逝，但旧址的重建与装饰，也能激起我们对小三线建设的认同之意。接待我们的叔叔伯伯们都很热情，他们和爸爸沟通有关小三线的各种问题。我虽然没有全部听明白，但清清楚楚地知道，他们的目标是坚定的：不要让这段往事烟消云散，要让更多的人铭记、缅怀这段艰辛又光荣的岁月。

"95后"儿子的文字虽然稚嫩，但这是他的心声。他是我现在这些"00后"学生的同龄人，也是40多年改革开放高歌猛进的获益者。在深入小三线乡间旧址的同时，我也带着儿子去北京采访一位当年亲历上海小三线调整的领导，让他有机会旁听上海小三线调整的高层决策经过。借助小三线这个切入点，我带着他游历中国的东西南北，目睹中国的方方面面。

1954年12月27日，傅雷在给已在波兰留学的儿子傅聪的家书中说："你浑身都是青春的火花，青春的鲜艳，青春的生命、才华……是你一生之中的黄金时代。"傅雷希望儿子好好享受、体验，给一辈子做个最精彩的回忆的底子！我由衷希望，安徽泾县农舍密密麻麻的臭虫，山东蒙阴深夜凄厉的沂蒙山风，成为儿子和作为同龄人的我这些学生最精彩回忆的底子，陪伴着、激励着他们摒弃"冷气"，昂首阔步地走在人生的道路上。

（作者为上海大学文学院历史系教授）

菜篮子随想曲

李文溥

开门七件事，柴米油盐酱醋茶。据说是老话，语出宋代吴自牧《梦粱录·鲞铺》①。很久百思不得其解：那菜呢？在我看来，青菜才是中国老百姓不可一日无此君的生存必需品。柴米油盐酱醋茶，倒是不大有人提起。

这些年，读过诸多有关厦门大学（厦大）东西南北中、上下百余年的大小文章，然而，对青菜，却无人为之歌一曲。

20 世纪七八十年代之交，厦大虽在岛内，但仍处农村。周边甚至校园内，不乏种满青菜的农田。然而，厦大师生日常食用的蔬菜，却只能仰仗校内唯一一家国营菜店供给。周边社队的蔬菜是要统一卖给市里的蔬菜公司，再由蔬菜公司逐级批发给各个国营蔬菜商店——包括厦大这一家——才能零售给居民的。那时的菜场（后来拆掉，在其旧址上盖起了现在的厦大图书馆）虽然只是个用毛竹和油毛毡搭起的临时建筑，却仅此一家，别无分店。因此，这里是厦大教工每日必去"朝拜"的圣地。菜场建筑简陋，经营品种有限，而且大多老而不鲜。空心菜号称无缝钢管，长豆虚心涵泳，黄瓜名副其实，甘蓝长达一尺，冬瓜皮硬如甲而内瓤绵软多隙，犹如面包。更令人发怵的是那些卖菜的大妈，吆喝起文质彬彬的教师，像是教训儿孙。那些在课堂上口若悬河、滔滔不绝，推导起定理都不打磕巴的教师，在油毛毡屋顶下却成了冰冻的壶口，期期艾艾，拿了几把卖菜大妈随着训斥调侃声甩出的蔫了吧唧的青菜，赶紧走人。

20 世纪八九十年代之交，学校搬到了海滨，那时那里号称是厦大的"西伯

---

① ［宋］吴自牧《梦粱录·鲞铺》："盖人家每日不可阙者，柴米油盐酱醋茶。"

利亚"。要再到南校门附近的老菜场买菜就有点远了。好在白城、海滨的新教工住宅区建成，人口一下子密集起来。有需求就有市场。果然，国营蔬菜公司一时腾不出手来布点，马上就被那些抓住时机的新生私人小贩水银泻地般地钻了空子。先是几个附近的农民挑着两筐自家出产的青菜，在白城校门外的空地上怯生生地打起游击，慢慢地，卖菜、卖鱼、卖肉、卖蛋、卖豆腐、卖早点甚至卖日用杂货、廉价纺织品的，各色小贩，都在那儿支起摊子来了，很快形成了一个颇具规模的农贸市场。私营买卖，将本求利；市场竞争，讲究你无我有，你有我优，你优我廉。很多国营菜场上多年不见的品种，在这里惊喜地出现了：啊，原来这个菜，厦门也有啊，甘蓝也可以"身材"苗条，亭亭玉立。在白城边的农贸市场上，我买过江浙来的新鲜蚕豆，四川来的新鲜榨菜。第一次面对那翠绿的疙疙瘩瘩，还真不知道该从哪儿下刀呢。整天在课堂上讨论市场经济的经济学教师在这里实实在在地实践了一把，切实地体会到什么是消费者主权，可又心酸地发现，没有钱是不能有消费者主权的。迅速富起来的小菜贩子，满眼看不上体制内的"巴郎鱼教授"①，一句"别问了，这个菜贵，你们吃不起的"，令多少象牙塔里的青年才俊气短。

资本逐利，对市场需求可谓体贴入微。白城校门口是早市，方便教师清早散步回来，顺便带回一天的青菜豆腐。厦大医院边上的那条小街，当年是通向海边的路，正好成为晚市的最佳地点。教工下了班，大多在这里拐个弯，采买各种生鲜食品。傍晚，讨小海的渔船聚集在附近海面，小舟轻摇，送来了一筐又一筐刚刚捕捞到的各色小海鲜。豆腐鱼、软壳蟹、小鱿鱼、沙虾……都是家人在这里淘到的廉价小海鲜。豆腐鱼一斤两三毛钱，用以煮汤，肉嫩汤鲜，鱼至嘴边，屏气吸之，哧溜一声，盘中只剩一条带着鱼头的半透明脊骨，此中鲜美，岂是豆腐可比。若非家在海边，断难有此口福。刚换壳的梭子蟹，从长戈铁甲耀武扬威的装甲部队变成毫无抵抗能力的软壳蟹，只能躺在小盆子里，任人挑拣。然蟹肉仍然瓷实，不输年下冬蟹，价格却只有冬蟹的五分之一。

商业繁荣有利民生，但占街摆摊，影响市容，妨碍交通，亦令市政当局头疼。主政者因此提出要学习国外先进经验，大力推广农改超。然而，生鲜蔬菜进超市，是一个关系全产业链的革命，涉及生产、仓储、包装、配送、流通等一系

---

① 巴郎鱼乃厦门地产，价廉，是囊中羞涩的大学教师餐桌上的主打荤菜。

列环节的系统性改造，哪里是把蔬菜从地头直接拉进超市那么容易的事。它更涉及国人消费习惯和消费方式的变化。欧美国家蔬菜品种远不如中国丰富多彩、季节特色鲜明，常年也就是十来种。消费品以生食为主，人均消费量远低于中国。一根黄瓜，几片生菜，够一家三四口吃一餐①，柿子椒红、黄、绿三个一包，西红柿两个或四个一组，黄瓜以根为单位，西兰花、紫甘蓝、结球生菜，个个独立包装。中国以绿叶菜为主，一天一家一篮子，如欧美国家这样包装，似乎有点难。不知是何原因，一晃二十年，农改超还是不成气候，只是盖了些农贸市场，让沿街摆摊的进场卖菜。其被纳入市场管理范围，照章纳税，缴纳管理费用，不再"野蛮生长"。

厦港的农贸市场于是取代了厦大白城门口的早市和厦大医院街边的晚市。

然而，厦大周围居民的蔬菜需求竟是如此旺盛，计划的农贸市场有限摊位难以满足供需双方的需要。过不多久，在厦港一带又冒出了大大小小好几家蔬菜摊点，它们不再进场了，也不占街摆摊，租了间临街的小门脸就开张了。稍微盘点了一下，就在厦大西校门—厦港—蜂巢山这一圈，直径不到一公里的范围内，竟然有十多家卖菜的。

各有特色。

厦港农贸市场可以容纳二三十家摊位，自然品种齐全，鸡鸭鱼肉，蔬菜水果，各色干货，各类豆制品，米面油盐酱醋一应俱全。进去转一圈，一般居民餐桌所需都能买到。然而，就蔬菜而言，却是略有遗憾。大概由于最早进场的都是厦门本地的菜贩子，因此，尽管有那么五六家卖菜的，但是，品种却大致相近，充分体现厦门本地居民的消费特色。尽管其中有一两家也想有所创新，但似乎总不太成功。不是所提供的新品种不为本地居民青睐，销量有限而不赚钱，就是不知这些外地蔬菜品种特色、口味功用、烹饪方式，每当顾客问及，往往郢书燕说、南辕北辙，难以向顾客推荐，久而久之，还是回到了本地居民熟悉的闽南品种结构上去。按说，厦港农贸市场比起当年厦大那个国营菜场，已经好太多。可是，人心苦不足，既得陇，复望蜀。我等客居厦门，难免萌生思乡之情，得享海岛闽南风味之余，亦复觉得好像缺了点什么，总之，好像有一股说不清道不明难

---

① 曾到德国某大学访问学者公寓，见某欧美国家的访问学者一餐的蔬菜，不过是一段五六公分长的黄瓜。

以满足的欲望在心底涌动。

　　看来，此情并非我独有。这不，没多久，在厦港农贸市场附近，新开张了好几家蔬菜商店。这些蔬菜商店，大多门脸很小，进深倒有门面的一倍有余。沿着屋墙摆上一圈蔬菜，中间的空间就有限得很了，有的甚至在中间还要见缝插针地放上一个货架，摆放蔬菜，这样，顾客就只能侧身进出了。这些小店一般不装修门面，开张时也没人送来花篮致贺，也不播放音乐招徕顾客。它们就像路边的野草野花，时候一到，悄悄地绿了，静静地开了。靠近厦大一侧，恒达大厦旁边的一家平价果蔬商店，是几个河南年轻人开的。开张时不声不响，但很快就顾客盈门。其价格比厦港农贸市场上的都要便宜一些，是原因之一；品种颇具特色，可能是更重要的原因。除厦门常见的大路菜之外，大扁豆、圆茄、小米椒、尖椒、牛角椒、柿子椒、小茴香、豌豆尖、红菜薹、香椿等各种外地蔬菜，尤其是北方口味蔬菜，次第登场，琳琅满目，令人目不暇接。平价果蔬商店的进货渠道和厦港农贸市场菜贩的一样，也是从岛内的江头、中铺等蔬菜批发市场上趸来的，怎么品种差别如此之大呢？看来，还是老板的口味、偏好、眼界使然。

　　沿着大学路向西，走过厦港农贸市场，拐进蜂巢山路。小街不大，楼房不高，结构老式，似乎多是二三十年前的拆迁安置房。在这条短短的不到500米的小街上，你可以看到许多厦门本地居民的日常生活场景，浓浓市井风光。这里也聚集了三四家蔬菜商店，也许与周边的居民阶层及收入结构相应，这里的菜店更加接地气。每日清早，家家菜店人头攒动。莫看小店简陋，通道窄小，进出要侧身，但是进去逛逛，有时也能让你惊艳。在一家带有闽西北口音的店主的菜店，你可以从冬到夏，买到福建出产的几乎所有品种的应时竹笋，还有来自闽西北的各种地产蔬菜。对于我这样的老知青而言，不啻是一种福利。在一家看上去土得掉渣的菜店里，我买到过颇为洋气的紫甘蓝，它和大超市的差距仅仅是少了一层保鲜膜而已，但价格却不到后者的一半。农改超的保鲜膜成本如此昂贵，真是出人意料。这家菜店更令人难忘的是它的安溪盐卤豆干，结结实实，弹性极好，全无一些地产豆腐那种吹弹得破的娇嫩，红烧之后，大有卤蛋味道。这令人不禁想起金圣叹临刑前才舍得传子传孙的独门菜谱："花生米与豆干同嚼，大有核桃之滋味。"再向前走几步，另一家似乎很不专业的菜店，却在初秋时分出售我在厦门数十年从未见过的带根晚播空心菜。它用连根出售的方式，证明自己不管多晚播种，都是头茬的，味道和春天新上市的空心菜一样鲜美。其貌不扬、看似很不专业的老板具有专业的眼光，一眼认出了根部附近的两片子叶是这种空心菜的品质身份证！我对他不禁刮目相看。它的出现，改变了我对厦门空心菜多年不变的恶劣印象。

退休了，有些新见解，觉得常常拎菜篮子固然浪费时间和精力，但也不无裨益。有人说，那一定是因为你从事的是经济学。常上菜场，给了你一个参与市场经济实践的机会，换了别人，就未必如此了。不过，好像也不是这个样子。德国有个叫伽达默尔的哲学家说，近代以来，人们完全将实践看成是一种科学理论的纯技术和生产式的应用，是与理论对立的东西，这是完全错误的。他认为理论研究本身就是一种高级的实践活动。"实践意味着全部实际的事物，以及一切人类的行为和人在世界中的自我设定。""实践与其说是生活的动力，不如说是与生活相联系的一切活着的东西，它是一种生活方式，一种被某种方式所引导的生活。"因此，即使是在大学这样的象牙塔里的知识分子，也从来没有脱离过实践。他们每日每时都在从事各种实践活动，而且其主业还是理论研究这种高级的实践活动！此外，实践也是无所不在，他的庸常生活，吃喝拉撒睡，就是各种不同的实践。吃饭是吃饭实践，睡觉是睡觉实践，哪个生活内容不需要实践，不是实践呢？哪种实践——是种地抡大锤还是站岗——就高人一等，非得大家都得会、都得来一下子呢？去菜市场，只是全部生活实践集合中的一种，是正常生活之必要。它的附带好处，在我看来，是有利于相互匡正一下其他实践活动——如理论研究实践活动——的可能失误。（当然，反之亦然，例如，运筹学的研究，有利于优化数学家的日常生活安排）它可能会使我在理论研究实践中虽未做出太高深的学术成绩，但至少使我的研究比较符合百姓生活的常识常理。它使我切身感受到了经济市场化带给每一个老百姓的生活方便，福利改善；使我体会到市场竞争如何给我们更多的自由选择机会；使我体会到如何最大限度地实现消费者主权；等等。尤其值得一提的是，它最近还让我发现，居民生活物资配送的最后一公里主要是由所有居民每日每时自主自发的购买活动完成的，它是由几亿只甚至更多居民的菜篮子、购物袋组成的，它们是居民生活物资物流系统的终端，血液循环系统末端的毛细血管。它似乎是肉眼看不到，教科书里也从不曾提及的，它无法用行政的力量组织，更无法像全国统一大市场一样依靠人为建设，它只能在日常的市民生活中，自然地生成，缓慢地发育，逐渐地完善。可是这个最后一公里的物流终端是如此重要。它一头联系着亿万家庭的日常消费，汇总起来，是一个经

济体最重要的宏观经济变量——居民消费总额，是决定经济增长的三大需求之一；它另一头直接或间接地决定着全社会生产和流通。一旦它被切断，那千百万只菜篮子突然无法上街，哪怕只是短短几日的歇工静默，其对全社会生产和流通环节的冲击，都不啻一次地动山摇般的严重冲击。

国之大者，上街买菜！

（作者为厦门大学特聘教授）

讲价还存在吗？

宋　建

妈妈陪三岁孩子玩买卖东西的模拟游戏。

孩子：这个玩具多少钱?

妈妈：三元。

孩子：给你!

经济学专业出身的妈妈一边接过"空气钱"，一边思忖，现在的小孩都不会讲价了吗？回想到幼儿园做义卖活动，小小的买家和卖家们也是甚少讨价还价，旁边的大人们却还是禁不住讲一下价格。妈妈又想到，现在的孩子们经常跟随大人去明码标价的大小超市购物，都是一口价买卖，孩子们不会讲价是不是受了这种影响？随之而来的另外一些问题是，现在的社会还需要讲价吗？为什么讲价会存在？讲价还有哪些形式？

一、现代社会讲价活动减少，但是依然存在

自诞生以来，大型超市就以其琳琅满目的商品展示和明确列示的价格标签俘获乃至"驯化"了消费者的购买习惯，甚至入侵了农村地区的集镇。城市和乡村的购买者们涌入超市，推着购物车各取所需，然后在收银台排队结账，这一购物方式自然是让在商场里长大的一代耳濡目染。此外，网络购物和移动购物也已经成为大众消费的重要形式。制造业的发达使得类似的商品以不同的价格呈现，似乎没有讲价的必要了，因为几乎在每一个价格阶梯上都有对应的替代品存在。还有名目繁多的购物节促销活动，不管是"双11""618"，还是圣诞、元旦双节

促销，让人眼花缭乱的组合优惠方式似乎已经让消费者们眼花到来不及讲价，只顾自己凑满减了。正所谓，买的不如卖的精。

然而，现代社会讲价依然是存在的。在大型超市之外，农贸市场上虽然也有价格标签，但是对于私营摊主来说，对新客和熟客的偶尔让利，依然是拉近距离和争取回头客的有用法门，况且像蔬菜这种商品，本身也会随着时间的推移而品质下降，最终失去原本的出售价值，不如换个小小人情了。即使是在相对高端的购物场合，消费者依然有稍许的讲价自由。当见你面露犹疑之色，有的售货员可能会故作为难地告诉你，可以给你走会员价打折，或者是帮你拼单，最终实现了些许优惠。又比如，在寻常的街边小店，尤其是专营女士或母婴服饰的店里，如果多买几件，售货员可以豪气中带着谨慎地给你让利，让消费者在购买成功之余还在暗想：难道我又买贵了？还有让全国人民喝彩的国家医保局谈判代表与药企谈判的"灵魂砍价"，也是讲价的高级形式。值得注意的是，经济学向来有政府和市场之争，而政府采购医疗保险药品是政府作主体参与了市场活动，与公民个人参与的市场买卖行为还有所不同，因为前者显然具有更大的影响力。

不讲价，似乎挣得了时间成本，减少了交易成本。讲价，进而得到让利，一定程度上是更为喜闻乐见的，而且似乎不因时代的进步而消失，那么这一活动形式必然是满足了人类非常隐秘的心理需求，从而提高了消费者福利。

二、讲价存在的意义在于提高消费者剩余或权利感

对经济学有所了解的人应该对一个词不会感到陌生：消费者剩余。消费者剩余（consumer surplus）是指买者愿意为一种物品支付的量减去其为此实际支付的量。即：消费者剩余＝买者的支付意愿－买者的实际支付。消费者剩余衡量了买者从一种物品中得到的自己感觉到的利益，反映了经济福利。那么，讲价这一经济活动存在的目的就是降低消费者实际支付的价格，从而提高消费者剩余或者经济福利。然而消费者的对家——卖方也在还价。这就牵涉另外一个经济学名词：生产者剩余（这里需要指出的一点是，经济学中用厂商来指代生产者，并不特意提及作为商人的销售者，销售者的作用已经用价格来体现了）。所谓生产者剩余是指卖者得到的量减去其生产成本。即：生产者剩余＝卖者得到的收入－卖者的实际成本。生产者剩余衡量了卖者从参与市场中得到的利益，所以卖者也要尽力

抵制买者的讲价以提高自己的生产者剩余，但是还要尽量不要拒绝得太过明显，以至不能实现马克思笔下从商品到货币的"惊险的一跃"（交易的达成）。

所以，无数营销学专家都在帮助店员们分析消费者的购买行为以促成交易。从消费者走入商店的那一刻起，一个优秀的售货员所接受的培训就在起作用，他们针对消费者的不同行为作出不同的精确应对，以帮助商品实现那"惊险的一跃"，而消费者的讲价行为是其中一个重要方面。管理学是一门艺术，而店员的讨价还价招数也可以是其中一个分类。从这个意义上说，讨价还价背后的消费者剩余和生产者剩余概念似乎是大众对日常事务的理解与经济学家最为接近的一次了，它们还有一个更为朴实的称呼：利益。但是讲价行为的存在并不全关乎利益，它还代表了一种权利感，或者说在同售货员进行的博弈之中，消费者表面上获得了部分的定价权，规避了付出超高价格的一点风险。

三、讲价的高阶存在形式

讲价是消费者一方的行为，也是消费者和商品出售者之间的博弈行为，俗称讨价还价。也许在以物易物的原始社会，讨价还价就已经存在了，经过讲价，一头羊也许可以多换一把斧头；而当时间流动到现代，讨价还价也有了其高阶存在形式，比如政府采购，寻常企业之间的采购、并购等，还包括工人与企业之间的劳动合同谈判。而博弈论对此也有专门的模型。1982 年，美国经济学家阿里尔·鲁宾斯坦建立了讨价还价模型，具体是指用完全信息动态博弈的方法，对基本的、无限期的完全信息讨价还价过程进行模拟，并据此建立的完全信息轮流出价讨价还价模型，也称鲁宾斯坦模型。

简单来说，鲁宾斯坦把讨价还价过程视为非合作博弈的过程，他以两个参与人分割一块蛋糕为例，使这一过程模型化。在这个模型里，两个参与人分割一块蛋糕，参与人 1 先出价，参与人 2 可以选择接受或拒绝。如果参与人 2 接受，则博弈结束，蛋糕按参与人 1 的方案分配；如果参与人 2 拒绝，他将还价，参与人 1 可以接受或拒绝；如果参与人 1 接受，博弈结束，蛋糕按参与人 2 的方案分配；如果参与人 1 拒绝，他再出价；如此一直下去，直到一个参与人的出价被另一个参与人接受为止。因此，这属于一个无限期完美信息博弈，参与人 1 在时期 1、3、5……出价，参与人 2 在时期 2、4、6……出价。当然，如果这是一个冰激凌蛋糕的话，两

个人得尽快做出选择，那么这个博弈就变成了有限期完美信息博弈。

该模型在完全信息下，均衡解出现在第一阶段，即讨价还价一次就结束了，避免了折现因子（财务管理中的贴现率通俗来讲，是指由于时间价值的存在，现在的一块钱会比将来的一块钱值钱，这里的折现因子关乎耐心，也影响时间和金钱）的作用。因此，该模型告诉我们在讨价还价中一个很重要的原则，即"尽快接受"原则。由于贴现因子的作用，参与人均应尽快接受对方合理的报价，否则，即使在下期谈判中获得相同甚至更多的收益，其也很可能小于本期的绝对收益，所以心理承受能力更强或者经济承受能力更强的人最终会获得更多的便宜。而在不完全信息下，占优的是信息优势方，讨价还价也不可能一次达成，需要双方你来我往很多次，采取多种策略，或者投石问路，争取了解对方更多信息，又或者在不断抬价压价或者主动让价中接近对方的底线，并且在合适的时机进行最后报价，才有可能最终达成交易。目前讨价还价模型可用于企业的并购价格谈判以及劳动合同的签订等。

以劳动合同的签订为例，由于信息不对称以及劳动法规制度的不健全，劳动者在劳动合同的签订和履行过程中经常出现利益受损的现象。与西方国家的工会制度下的集体谈判行为类似，2008 年以来，我国政府采用设立集体劳动合同签订率指标等方式推动已建立工会的企业开展集体协商，而民营企业众多的江苏省也早就自发开始了企业工资集体协商的实践，中国总工会也在相关政策性文件中提出具体量化指标，推动私营企业建立集体劳动合同制度，力图维护劳动者的基本权益。可见，讲价要大家一起来，才更有说服力。

讨价还价行为充斥在我们生活的方方面面，培养公民的谈判或协商能力，应该从娃娃抓起。在围绕看电视的时间长短问题上，3 岁的孩子和妈妈又开始了新一轮的谈判。

孩子：我要看 20 分钟电视！

妈妈：看 18 分钟吧！

可能是以为 18 分钟比 20 分钟更久的小孩惊喜过望，不好意思地回答：妈妈，18 分钟太多了，我看到不想看的时候就不看了吧。

妈妈欣喜：可以！

利用短暂的信息不对称，此次谈判以妈妈的胜利告终。

（作者为山东社会科学院助理研究员）

人生规划的经济学原理与自然法则

苗建青

你如果用了 60% 的精力考了 80 分，那么该不该用剩余 40% 的精力去争取考到 100 分呢？理性的回答是不应该。因为努力的边际收益递减，所以进一步争取满分的投入产出比是下降的。正确的做法是去读课外书拓展知识面，发展其他兴趣爱好，或者去参加体育活动，这样反而能够得到全面发展。有人发现高考状元一般都默默无闻，而学习中等的学生往往能有杰出的成就，其缘由正是如此，这也是人们普遍反对应试教育的主要原因。那种要求孩子必须考 100 分，否则就施以暴力的家长，其实不懂在这样要求下的孩子的成长总效用并不能最大化，甚至这有可能毁了孩子的前程，是非常不明智的。

边际收益递减主要源于边际成本递增。距离最优目标越近，消耗的成本会越高，这可能是普遍规律。如江边沙金淘完之后，只能开采成本更高的地下金矿；又如物理学的绝对温度只能不断接近，而不能完全达到，无限逼近绝对温度则需要无限的能量。所以说越接近于终极理想的最优目标，就越需要付出高昂的成本。理性人要考虑边际量，片面强调目标的最优选择不仅仅是不经济的，而且有可能是灾难性的。

人生实现奋斗目标，需要这样几种资源，第一是物质资源，第二是时间资源，第三是能力资源，第四是信息资源。这些资源都是稀缺的，特别是其中的信息资源更为稀缺。信息资源的获取需要我们有对这个世界的认知能力，而这个认知能力又取决于我们掌握的各种理论。如果相关的理论不具备，那么我们面对眼前发生的事情是不会感知的，甚至只会视而不见、充耳不闻。显然交给人工智能作决策也不能解决信息资源的稀缺问题。这些稀缺资源获取成本都是不断递增

的，也就造成了努力的边际收益会不断递减。

经济学研究的基石是理性经济人假设，是指经济人在能够从外界获得必要的信息基础上，选择最有利的行为方式追求自身利益最大化。其实这个理性经济人就不是"人"，而是个全能的决策工具，是个高度抽象的宏观尺度概念。就如同空间物理学的质点，只有质量，没有体积和形状，它占有空间位置但是又不占用空间。著名经济学家亚历山大·西蒙提出以有限理性的管理人代替理性经济人。具体到微观尺度的个人做决策时，应该是追求最优决策，而不是最优选择。所谓最优决策，是每个决策个体在他有限理性和有限资源条件下所能做出的最好的决策，其结果恰好是次优选择。

"次优选择"理论是基于人们的有限理性和有限资源条件提出的。次优选择的经济意义在于在有限条件下获得次优但仍能让人比较满意，以避免不计成本，大量耗用资金、人力、时间等资源以求获得最优结果的极端行为。由于资源的约束，决策者只能在有限的备选方案中选择，因而决策方案选择的合理性只是相对的，不存在绝对完美的最优方案。

然而，由于人的认知能力有限，我们所认为的最优目标，可能还不一定是最优，其实最优目标本身经常就像萤火虫一样飘忽不定，所以就更不必纠结于能否实现最优。康德说，我们所认识到的世界与真实的世界永远是两个世界。宇宙的最优即永恒，可能也意味着终结。因为这个世界还正在创造中，天文学研究发现宇宙还在不断加速膨胀，无论终极是"大冻结"、"大撕裂"还是"大塌缩"中的哪一种方式，其最终结果都是宇宙的消亡，一切归于沉寂，或者又一次重生。

另外，每个人的偏好是多元的，因此人生目标也是多元的，在个人有限理性和有限资源的约束下，还应该尽可能向更多的方向发展，而不是追求一极目标的次优化甚至最优化，应该追求将各种资源均衡配置到各个目标上，多元目标均衡的人生才更完美。理想状态下，当各种资源投入的边际成本之比等于各个目标实现的边际效用之比时，人生目标就符合帕累托最优法则。实际上，一个人各方向目标越趋向于帕累托最优，其总效用就越趋于最大化，也就是说其综合成就也越趋于最大化。

有人会问：只满足于次优选择和多元目标均衡是不思进取吧？最终也成不了专家吧？其实前面说的是人生规划1.0版，人生目标还可以像原子内的电子由低能层级跃迁到高能层级一样，进一步跃迁到更高层级的人生规划就是2.0版、

3.0 版……在新的层级，你会又有一组新的目标束，在这些新的目标中再合理配置资源，进而趋近新的帕累托最优。每一层级的次优选择加上不断向更高层级的跃迁就构成了你完整的最优人生！

（作者为西南大学经济管理学院副教授）

超理性动机是企业家的特质

陈　宪

在经济学文献中，企业家和企业家精神往往是一个意思。企业家是一个小众群体，位于企业主（俗称"老板"）群体的"头部"。他们之所以能在庞大的企业主群体中脱颖而出，主要是因为企业家具有一些不同于企业主的物质条件和精神特质。最为关键的物质条件是，企业家或企业家的企业持续具有超额利润和创造超额利润的能力。这是一个必要条件。在现实中，我们也看到有的具有超额利润和创造超额利润能力的企业主，最终没有成为企业家。究其原因，是他们不具备企业家的精神特质。那么，企业家的精神特质指什么呢？

回答这个问题之前，要厘清泛化的企业家精神和特指的企业家精神。有一种观点认为，每个人都可能有企业家精神。这里，企业家精神是指冒险精神和风险意识，愿意为试错失败承担责任。于是，每个人，或官员，抑或学者，都可能有企业家精神，并表现出具体的差别。这个意义上的企业家精神是泛化的。在现实的企业家研究中，我们还是希望把企业家精神与主体（企业家群体）联系在一起，在这个群体的意义上讨论企业家精神的主体特质或企业家的精神特质。

从经济学视角看企业家精神，其主体特质是超理性动机。超理性动机是对应理性动机而言的。这就要说回到亚当·斯密。经济学家长期以来将理性经济人或理性动机假说归为斯密的创造。英国学者杰西·诺曼在他的《亚当·斯密传——现代经济学之父的思想》（中信出版集团2021年版）一书中，比较系统地解释和纠正了这一存在已久的错误认知或不完整的认知。

斯密在《国富论》（1776）中说：个人被一双看不见的手牵着鼻子走，无形中推动了一个与自己的目的无关的目标的达成。……当人们追求个人利益，往往比他们直接追求公共利益时更能促进社会的利益。斯密的论著中并没有理性经济人或理性动机的说法，但追求个人利益将有助于社会利益，被认为斯密的核心思想。诺曼认为，斯密"讨论了一个基础性问题，即人们通过文化和市场交换来追求个人利益，在多大程度上可以产生经济增长和社会效益"。

诺曼问："亚当·斯密是'理性经济人'这一概念的创造者吗？"进一步的问题是，斯密眼中的"人"只是理性经济人吗？答案都是否定的。诺曼回顾历史上发生的具体人和具体事，再转向经济学的现状，发现问题的结论令人惊讶。首先是功利主义的代表人物杰里米·边沁（1789），他的效用理论提倡追求"最大幸福"，即最大化的自我利益。然后是托马斯·马尔萨斯（1798），他认为，人类只受制于两种基本的驱动力，其中一个是自我利益。马尔萨斯在斯密去世不到10年的时候，向理性经济人迈出了第一步。20年后的大卫·李嘉图（1817）又迈出了更远的一步。斯密提出的谨慎的、经验性的、有限的"自然自由体系"，在李嘉图那里变成了"完全自由的商业体系"。也就是说，从自然人的理性动机到企业法人的理性动机，整个商业体系都适用理性经济人的解释了。直到1836年，"经济人"这个概念才第一次出现在约翰·斯图亚特·密尔讨论政治经济学定义的文章中。密尔提出一种更狭隘的、完全经济化的观点，"它把人类所有其他的激情或动机完全抽象化了，除了那些可被视为与财富欲望永远对立的原则，即对劳动的厌恶以及对奢侈放纵的渴望"。人类行为的理性动机竟被一般化，由此可能产生的误导就不难想见了。

20世纪80年代末，实验经济学之父弗农·史密斯和他的同事们在实验室模拟环境的条件下，测试主流经济学的许多假设是否真实或者说在多大程度上是真实的。"根据标准的主流观点，个人行为被定义为'理性经济人'，即一个纯粹自利的效用最大化者。……然而，弗农·史密斯和他的同僚们却发现，这一假设并不能解释人们在实验室条件下的实际行为，这项研究成果后来帮助他和丹尼尔·卡尼曼一起赢得了诺贝尔奖。……在一次又一次的游戏和情境中，相反的结果总是会顽强稳定地出现。"实验结果对主流经济学的一些假设提出了质疑。但"问题并不在于数学模型本身不够现实，因为所有模型在某种程度上都有简化；也不在于人类是否能够以自利的方式行事，没有人怀疑这一点。这是对理性经济人的自我利益这一核心假设的直接挑战。……自我利益只说明了一个更广泛、更多样化的图景的一部分。"

近年来，很多的观察和研究都表明，与人的理性动机相悖的现象和结果比较普遍地存在。两位浸淫硅谷多年的投资家说，根据他们的观察，将理性动机作为创业者和企业家的行为假设是完全不靠谱的。他们说："在对创新生态系统中的人类行为建立一个自下而上的新阐述时，我们质疑经济学家一个多世纪以来的一些基本假设。"（《硅谷生态圈——创新的雨林法则》，机械工业出版社2015年版）这里的基本假设就是指理性人假设。"如果你去询问硅谷或是其他类似地方的初创团队的成员，问他们为什么他们选择了现在的工作，你会发现驱使他们行为的是超理性动机。"他们认为，超理性动机包括竞争的刺激、人类的利他心理、渴望冒险、探索以及创造的喜悦、为后代打算、渴望现实生活的意义等。创业创新行为的动机不是理性最大化利益，这是对一般化理性动机的最好反击。"我们一直强调超理性动机的重要性，并不是因为我们是天真的理想主义，实际上这是经过了冷血的观察才得出的结论：超理性动机对刺激系统中的个体参与热带雨林的活动（创业创新活动，引者注）是必要的。"如果要给超理性动机一个经济学解释，那就是，创业创新无法量化估计其最大化效用，所以，就需要这样的一个群体，在不可预期其行为的最大化效用时，也愿意义无反顾地投身其中。

作者举了在游乐场坐过山车的例子，并将它与创业做了比较。坐过山车，你需要付钱，一般来说钱还不少，转了一圈后回到原来的位置。你会体验到想要呕吐，可能会害怕得大声尖叫，嗓子变得沙哑。有些人还会生病，甚至还有极少数情况，会有人死亡。在你决定坐过山车之前，就会看到很多指示牌不断警告你可能面临的健康风险。因此，坐过山车完全是非理性行为。但是，你还是要玩，因为你需要寻求刺激。创业的过程与坐过山车有很多共同点。它们都是非理性行为。你会为之付出无数的心血、汗水和泪水，还有很多钱，最后可能回到你开始的地方。因为大部分创业公司最后都失败了。在创业过程中，你会失眠，背负巨大的压力，会失去很多陪伴家人的时间。即便如此，还是有人选择了创业。他们的行为就只能用非理性或超理性动机来解释了。同时，这再好不过地解释了理性行为只是人类行为的一种。

除了超理性动机，企业家的精神特质还有哪些内涵？在物欲横流的社会，人们普遍感到，理想主义者少了。这是事实。在日常生活中，芸芸众生为谋生计、求发展，难免现实地面对问题，解决问题。但这并不意味着他们没有理想、没有目标。作为小众群体的企业家和政治家、科学家不一样，他们因是理想主义者而伟大。政治家一定是因为胸怀天下的理想信念，并为之奋斗，才能为国家和人民做出一番事业。科学家一定是怀揣着一个梦想，坚持、坚韧地执着追求，才有可能完成一个或多个科学发现，最终造福于人民。理想主义是创新的思想源泉，同样是企业家的精神特质。唯其如此，企业家才有可能发现绝大多数人还没有发现的市场，才有可能以最低的成本将科技成果产业化，为社会创造财富、就业和税收。在现实社会，恰恰是理想主义者少了，才凸显其价值巨大。

还要问一个问题：企业、企业家的社会责任与企业家的正义感是什么关系？有人将是否承担社会责任，作为区分企业家和企业主的一个标识，这有一定的道理。但企业家一定是因为有着强烈的正义感，才能够长久地、主动地承担社会责任。对于企业家来说，一时地、被动地承担些许社会责任不难，难的是将这种行为融入企业的发展，持续地为社会做出额外的贡献。这就是企业家的又一种精神特质——正义感在起作用。我们现在说的第三次分配，就是以企业家自愿参与，以慈善事业为主要内容和形式的一种分配机制。第三次分配既是初次分配和再分配的补充，又以其特有的机制，从事那些社会需要但其他主体又难以做到的事业。例如，对于某类特殊困难的群体或特殊的病种进行救助。这些事业功德无量，需要有经济能力的企业家为之做出积极的贡献。

近10年来，中国经济不断受到来自需求或供给的冲击，进而出现较大程度的下行压力。与过去不同的是，面对下行压力，除了认识到宏观经济政策的作用外，我们开始关注微观政策，关注持续激发市场主体的活力。人们越来越认识到，市场活力来自人，特别是来自企业家，来自企业家精神。在当下，充分认识企业家精神的主体特质，对于持续激发市场主体活力有着特殊的积极作用。

（作者为上海交通大学安泰经济与管理学院教授）

韦伯的"扳道工效应"

彭凯翔

　　马克思·韦伯在其经典著作《新教伦理与资本主义精神》中曾这样解释为何需要在资本主义兴起之前去探寻资本主义"精神"（一种以营利为目的的职业伦理）的形成，"现今的资本主义经济秩序是个巨大的宇宙，个人呱呱坠地于其中，对他而言，至少作为个体，这是个他必须生活在里头的既存的、事实上如铜墙铁壁般的桎梏"，但是这一"桎梏"（伦理准则）却是"得与一整个敌对势力的世界历经一番艰苦的斗争方得卓然挺立"的"适应市民的资本主义经济秩序的前提条件"。在论述新教的禁欲精神如何转化为近代职业伦理时，韦伯再次用到类似的比喻："禁欲已从僧院步入职业生活，并开始支配世俗道德，从而助长近代经济秩序（虽然受到机械生产的技术与经济的前提条件所束缚）的那个巨大宇宙的诞生；而这宇宙秩序如今以压倒性的强制力，决定着出生在此一机制当中的每一个人（不只是直接从事经济营利活动的人）的生活方式。"

　　韦伯翻转了资本主义经济到资本主义精神的因果关系，在《比较宗教学导论——世界诸宗教之经济伦理》中作了更一般的方法论阐述："直接支配人类行为的是物质上与精神上的利益，而不是理念。但是由'理念'创造出来的'世界图像'，常如铁道上的转辙器（switchmen，又译作'扳道工'），决定了轨道的方向，在这轨道上，利益的动力推动着人类的行为。"在比较东西方宗教时，韦伯更具体地论及，"一连串的纯粹历史动机决定了往超越性神观或往内在性神观发展的契机"，"这些神观回过头来又决定性地影响了救赎经验清楚成形的过程"，从而对合理化的生活形态产生深刻影响。用经济学的方式来表达，则是行为的终极目标系历史地形成的，在此一方向上行为策略的合理化则是按优化的逻辑推进的。这是韦伯的历史与逻辑的统一。对于这一理论，权且也按经济学的修辞习惯，称之为"扳道工效应"。

"扳道工效应"的第一要义当然是强调经济之外、超越性的宗教理念对于世俗生活具有方向性的深刻意义。这并不等于说宗教决定了经济形态。韦伯是"多因论"者，他看到资本主义经济秩序的建立首先需要有超越性理念上的强力转向，才能克服传统伦理这一"普遍遭遇到的最强烈的内在障碍之一"，但也清楚地意识到新教伦理只有在技术等物质条件下才有可能转化成资本主义精神，而不是其他东西。所以，韦伯不仅论述了目标本身相对个体理性的超越性，也兼顾了各种约束条件，即使在现代经济学的逻辑上也是合理的。不过，终极目标如何转化为具体经济行为的目标函数，"入世苦行"如何转化为利润最大化的资本主义经营，实则有赖于韦伯对宗教伦理及资本主义精神的具体阐述，难有理论上的捷径。而且，虽然通常所谓"韦伯命题"意指新教伦理对资本主义发展的促进作用，但韦伯本人并未企图在理念与经济发展间建立确定关系，他的论证限定在作为经济秩序前提的伦理层面，而伦理观念的变迁是难以测度的，也就很难从经验上加以检验，因此并没多少这方面的严格证据。

"扳道工效应"的第二要义是，宗教改革作为一个历史事件，影响可以超出其本来范畴，乃至充当历史轨道转变的扳道工。也即，历史变故往往引发一系列意料之外的变化，因缘际会下成为历史转折的契机。韦伯强调的固然是新教教义本身为资本主义经济秩序的崛起提供了"冲决网罗"的伦理力量，但还提到了一些额外或间接的效应，如禁欲式强制节约促进了资本形成，教派的排他性团体推动了封建家产制之外非人格化人际关系的建立，等等。近二十年里围绕"韦伯命题"的经济学实证研究主要针对的是后一方面。例如，新教鼓励教徒直接阅读《圣经》，为此推动了教育的发展与人力资本的形成。恰逢经济近代化转型的关口，人力资本于是又成为长期发展的推力。无论是对新教在欧洲的影响，还是基督教及儒家在中国的影响，都有一系列论文发表在英文经济学顶刊上，产生了广泛的学术影响。它们都采用了类似的逻辑。不仅如此，除了宗教对经济发展的长期影响的研究，关于其他历史事件及其制度遗产的研究也体现了类似的"扳道工效应"，可以说是蔚然成风了。

值得注意的是，"扳道工效应"还有第三层含义。在将资本主义经济秩序喻为巨大的、强制的"宇宙"时，韦伯意欲说明的是，资本主义已经成形的社

会，已经不再需要有伦理规范为经济秩序提供支持了。正如韦伯在论禁欲的命运时所述，"禁欲已着手改造世界，并在这世界踏实地发挥作用，结果是，这世间的物资财货，如今已史无前例地赢得了君临人类之巨大且终究无以从其中逃脱的力量。如今，禁欲的精神已溜出了这牢笼——是否永远，只有天晓得？总之，获胜的资本主义，既已盘根在机械文明的基础上，便也不再需要这样的支柱。"换言之，新教伦理只是在历史的岔路口上发挥了扳道工的作用，此后它的光彩即形消退。这在余英时三十多年前的名著《中国近世宗教伦理与商人精神》中被进一步点明。他指出，据韦伯的阐述，新教伦理只是在现代资本主义刚刚兴起的阶段所需要的"精神因子"，"等到资本主义经营所带来的巨大利益已为人人所共知时，宗教的动机便已退居无足轻重的地位了"。而在评论关于儒家伦理与东亚经济发展的当代研究时，余先生的认识尤其发人深省。他力图阐明近代中国也发生了伦理上的转向，以驳正韦伯对中国历史的错误判断，但并不赞同简单地将儒家伦理与当代东亚的经济发展联系起来。他认为，"即使我们能证实这两者之间的因果关系，我们仍不足以推翻韦伯的原有理论。因为无论是日本、韩国还是新加坡的经济发展，其资本主义的经营方式都是从西方移植过来的，而非发源于本土"。

我以为，这是一种高明的见解，不仅体现了历史学所追求的"史识"，对于经济学者来说，亦很有方法论上的意味。经济学实证研究的一般思路是，新教改革在当时引起了人力资本等方面的改进，这些改进又具有累积的效果，从而影响到之后直至当今的经济发展。这有助于说服经济学同行有必要关注历史上的事件，但历史学者没必要这么考虑，因此也就更倾向于具体地探讨在特定的历史条件下，事件是如何影响当时的人或制度的。至于这些影响的历史意义也可能随时转向，需要在一个开放的历史过程里面去思考。所以，历史学里推崇的"多因论"，严格来说不仅仅是综合考虑多种因素，还意味着并不假定每种因素与被解释变量间存在确定的关系，也不以证明这一关系为要务。回到新教伦理上来，韦伯认为它为资本主义的自由劳动提供了前提，甚至由此亦为理性计算乃至证券市场的发展清扫了障碍。然而，我们看东亚资本市场的近代化，显然不是以伦理转型为前提的，它所循的路径是国家间的竞争与学习带来的制度移植。既然新教伦理对于后发经济体不是必要的，那么它在经验上的长期影响本身是否需要进一步解释呢？而且，宗教在经济的兴起阶段与发展、扩散阶段有不同的作用机理，如何能将不同时期的样本放在一起，等量齐观呢？

我们习惯的说法是，人力资本等因素具有累积性，制度变迁具有路径依赖，所以初始的差异会维持下去。但正如余英时所论，当人力资本的回报已成为共识时，国家与个体都会去推动国民教育；当证券、公司等资本主义工具的功效已经彰明时，后发国家也都纷纷进行了法律与制度的移植。维持初始差异的机制又在哪里？是新教同时影响到了国家能力或人力资本的回报率，从而使得国民教育难以弥补初始的差异吗？还是说理念或文化具有很强的代际传承力，即使在利弊很明确时，它们仍然无形中影响人们以及社会的决策？抑或如伯尔曼在《法律与宗教》一书中所展示的，即使是世俗的法律制度也有其精神上的内核，所以，制度的移植虽然有不少成功的案例，但理念的"幽灵"总是会通过某些经济学里阐述得还不是很清楚的渠道来"敲门"？诸如此类的问题即使不改变实证研究中发现的数量关系，也毫无疑问有助于揭开长期影响的理论"黑箱"。

总之，无论新教伦理与资本主义精神、资本主义发展间的具体关系是否能得到实证上的支持，"扳道工效应"在方法论上的意味都值得更多咀嚼。就目前偏于经验研究的状况而言，并不新鲜的"扳道工效应"在思想上仍是富有刺激性的。

（作者为武汉大学经济与管理学院教授）

育才与选才

董志强

从我工作所在地的小谷围岛，向东跨过一座不足百米的小桥，就进入长洲岛。长洲岛的东北角有一座军校旧址，青砖古屋，掩映在绿树浓荫之中，颇为古朴厚重。这便是大革命时期的陆军军官学校。今天的很多人，可能并不知道长洲岛，也不晓得陆军军官学校，但一定听闻过后者的别号——黄埔军校。20世纪20年代中期，黄埔军校在一穷二白中草创。革命年代，形势动荡多变，安宁学习的日子根本没有过几天，学员们受训未毕便要提枪上马东征西讨。但就是在这样的环境中，灿若繁星的杰出将领从这里走出，迸发出了惊天动地的力量，令人惊叹不已。他们中的每一个人，都曾在20世纪中国史上留下浓墨重彩的一笔，其经历都可以写成一部书或者拍成一部电影。为此人们也不免好奇，究竟是什么，让黄埔军校可以培养出如此多叱咤风云的军事人才呢？

毫无疑问，这个问题会有很多答案。因为成功总是诸多要素因缘际会的结果，何况人们对成功原由的剖析还往往各持己见。譬如我认为，黄埔军校成功的密码，其实早已隐藏在建校之初的校门对联之中。当然现在的校门上并没有这副对联，它已经被移至黄埔军校史迹展厅入口。上联为"升官发财请往他处"，下联为"贪生怕死莫入斯门"，横批为"革命者来"。黄埔军校成功的关键，是成功吸引和选拔到了优秀生源，即真正的革命者。对学生军的培养和训练虽然不能说不重要，但或许相对次要；实际上这些学生军接受学校训练的时间非常有限，反倒是真实的战争锤炼了他们。

以黄埔一期为例，我们来看看它苛刻的入学标准。第一，要根正苗红、政治合格，考生须得是"本党党员"（当时第一次国共合作，共产党员可以个人身份

103

加入国民党），或者"认同本党主张"；第二，要有知识、有文化，招生考试内容甚至包括当时世人普遍陌生的几何、代数，无高中学历者基本考不过；第三，还得要面试过关，没有点口才和应变能力的大概率会被淘汰。据说面试还有一项特殊内容，就是面相端正，长得"歪瓜裂枣"便是错。历史上的黄埔军人多英姿飒爽，原因大抵在此。这种严格选拔之下，人数自然不会多，黄埔一期报名者三千余人，录取三百五十人，真正十取其一；但进入黄埔军校的，都是人中龙凤，胸怀国之大者，他们为国为民，真心实意想救中国于水火。这样的人组成军队，战斗力自不必言，打得各路军阀落花流水，在抗日战争中也用鲜血和生命捍卫了国家和民族的尊严。

我不是历史学者，无意宣讲黄埔军校的光辉事迹。提及黄埔军校，只因它是成功选才的好例子。毫无疑问，培养军人的作战能力和革命精神很重要，但选拔出本身素质过硬并认同革命的学员更重要。这是黄埔军校与当时其他军阀部队在打造军队上的区别做法，也是其成功密码。实际上，同样的道理不局限于军队。在建设企业员工队伍方面，人们常说，合适的员工是企业的资产，不合适的员工是企业的负债，这也是讲选才的重要性。通用公司的前总裁韦尔奇曾把员工分作四类：有能力且认同企业（的文化价值观）的，有能力却不认同企业的，缺乏能力而认同企业的，缺乏能力且不认同企业的。他认为，对第一种员工，要尽早把他们提拔到领导岗位；对第四种员工，要让他们尽早离开企业；对第三种员工也好办，可以多给他们一次机会；最难办的是第二种员工，他有能力，故企业不舍得令其离开，但不舍归不舍，企业还得在痛惜中让他们离开，因为他们的存在会破坏"三十万通用员工对管理层的信任"。这里，韦尔奇对第三种员工采取了"育才"的态度，但是对其他所有员工都采取了"选才"的态度。可见选才有时重于育才。

一个组织，何时应更加重视选才？或者说，选才何时对组织更有价值？我们可以通过一些简单的分析获得深刻的洞见。考虑一个组织要招募成员，假设应征者队伍中，有比例为 P 的人适合组织，有 $1-P$ 比例的人不适合组织。令适合者给组织带来的价值为 $V>0$，不适合者给组织带来的价值为 0（这是建模技巧，你也可以假设为任何一个常数，但不会影响结论）。录用一名应征者，需支付的报酬为 $W>0$。令 $V>W>0$，这表示录用合适者是划算的，但录用不合适者则不划算。当然，组织"选才"也是有成本的，将产生甄别成本 $C>0$。给定上述假设，

若组织对应征者不做任何甄别（相当于随机录用），则录用一名应征者的期望利润就是 $PV + (1-P)(0) - W = PV - W$；若组织在甄别的基础上只录用合适者，这就是"选才"了，则录用一名应征者的期望利润就是 $V - W - C$。两种情况对比一下，就得到"选才值得"的条件 $V - W - C > PV - W$，也就是说，只有选才的利润超过不选才的利润时，"选才"才值得。这个条件也可改写为 $(1-P)V > C$，意思是，当选才的期望收益 $(1-P)V$ 超过选才的成本 C 时，选才就是值得的。

好了，我们所需的运算到此结束。上述"选才值得"条件，虽然简单，却可以揭示几个关于选才工作的重要论断。

第一，只有选才的成本 C 足够低，选才方值得。这一点很好理解，假若甄别人才的成本很高，以至于超过甄别人才所带来的收益，这样做自然很不划算，也就没有必要去选才。与其劳民伤财地"选"才，还不如蒙住眼睛瞎抓一个。

第二，合适的应征者所占比例 P 越小，选才越值得。该论断意味着，只有当优秀者越少时，选拔优秀者才越有价值。这有点不合常人直觉，但也不难理解。从"选才值得"条件 $(1-P)V > C$ 来说，若 P 越小，则该条件越容易成立。从经济意义上来说，不妨想一想，假若应征者百分之百是合适的（即 $P = 1$），还有必要选才吗？这时候，随便瞎抓一个都必定合适，哪用得着选！假若应征者 90% 是合适的（即 $P = 0.9$），随便瞎抓一个碰到合适者的概率也有 90%，干吗不赌一赌呢？然而，若应征者只有 10% 是合适的（$P - 0.1$），随便抓一个碰到合适者的可能性就太低了，这个时候花费成本把那 10% 的合适者选出来，就是很有价值的事情了。天生适合做军人和将才的人非常稀缺，所以黄埔军校的苛严选拔就颇具价值了。如果人人适合从军，个个皆为革命者，那就没必要选拔，更无必要声明"革命者来"了。

第三，应征者之间的能力差别越大，选才越值得。前面的分析中，V 其实也代表了合适的应征者和不合适的应征者给组织带来的价值差异，如果 $V = 0$，则"选才值得"条件 $(1-P)V > C$ 就不可能成立；当 V 越大，该条件才越可能成立。从经济意义上说，$V = 0$ 意味着所有应征者能力都一样，既然大家没差别，又何必费心对他们进行筛选或甄别呢，选来选去还不都一样吗？只有当大家不一样，甄别出更合适者或更优秀者才有价值。而且可以注意到，若 V 越大且 P 越小，则 $(1-P)V > C$ 就越能成立。这就是说，那种极端厉害的天才数量越少，就越应该把他们找出来。不妨想想刘备为什么要三顾茅庐吧。反过来，如果天才（V 很大）数量很多（P 很大），找出他们倒不一定值得了。

反过来，对越是有价值的人物，我们也越能够承担更高的选才成本。企业花在寻觅合适的高管身上的成本，远远高于花在寻觅合适的员工身上的成本；大学花在引进高层次人才身上的成本，远远高于花在招聘普通教员身上的成本。选才的成本也不只是金钱，还有时间。比如试用期、选拔期或考察期，作为选才的甄别机制，时间是其重要成本。只有当甄别出人才有价值的时候，组织才愿意花更长的时间去考察。所以企业高管的试用期或考察期，比一般员工要长得多，因为一名优秀的高管远比一名优秀的员工重要；非升即走体制下的大学教员要获得"终身职"，需要经过漫长（通常为六年）的考察期，因为选拔出优秀学者极具价值。

以上的分析，仅仅集中于选才，并没有将选才与育才放在一起来考察，似乎不合本文题目。实际上，育才总是我们的追求，人力资本理论也指示个人可以通过投资来增加知识、能力、技能等人力资本。很多时候，人力资本可以通过教育和培训等投资而得到很大改变，故此时"育才"是重要的，投资于人力资本是重要的。这方面人们所见所知甚多，已无须赘述。但对另一方面，人们的关注似乎相对少得多：倘若教育和培训等投资带来的人力资本增长空间非常有限，那么选拔出本身足够优秀的人才就比费时费力去培养人才更为可取。换言之，育才越难，选才越重，越难培养，越要选拔。

上述道理的一个社会应用场景是普及教育和选拔教育。一个人从孩提时代懵懵懂懂到成为一个有文化的人，教育可以发挥很大的作用，即使资质平平甚至欠佳者也可以完成中等教育；而一个有文化的人要成为一个卓越的学者，虽然教育也有作用，但更重要的是此人本身的资质。故基础教育是普及教育，核心功能是育才；而高等教育则带有选拔性质（这正是教育的信号传递理论之基本思想），教育等级越往上选拔性质越强。当教育不能选才的时候，社会中其他的机制（比如市场）则来选才。学校教育可以培养出科学工作者、艺术工作者、职业经理人，却培养不出科学家、艺术家、企业家。因为前者可熟能生巧，后者却还要依赖天赋。熟手可以"培育"出来，天赋却只能"拣选"出来。

有价值的育才必定是针对普通的多数人，有价值的选才必定是针对优秀的少数人。一个社会缺乏的往往不是多数，而是少数。这优秀的少数人，对于一个组

织特别重要，于社会也是如此。满足普通多数的人才选拔，结果必是优秀少数湮没于"滥竽充数"。用经济学的话来说，就是产生了混同均衡，背离了"高端不扭曲"的有效激励原则，不利于拔尖人才脱颖而出。不难想象，假如当初黄埔军校放弃它的选拔标准，将星云集势必难矣，多半只会得到乌合之众。时移世易，据说现在某些大学选拔教授已经不需要评判学术论文，真是令人感慨。

（作者为华南师范大学经济与管理学院教授、副院长）

年轻人"宁愿送外卖，也不
进工厂"的金融学思考

蔡庆丰　　王瀚佑　　李东旭

　　人力资源和社会保障部 2020 年公布的数据显示，我国灵活就业从业人员规模为 2 亿左右。我国使用灵活用工模式的企业也在不断扩大。《中国灵活用工发展报告（2022）》蓝皮书公布的数据显示，2021 年我国有 61.14% 的企业在使用灵活用工模式，企业更倾向于扩大而非缩减灵活用工规模。与此同时，我国制造业岗位长期存在较大的用工缺口。人力资源和社会保障部每年发布的全国招聘中需求大于求职的"最缺工"的 100 个职业显示，制造业岗位常年存在较大的用工缺口，这反映了制造业企业"招工难"现象凸显。第十三届全国人民代表大会代表张兴海的一份建议曾冲上微博热搜。张兴海表示，当下不少年轻人不愿进工厂当产业工人，导致制造业招工困难，这不利于社会长远发展。他建议社会各界共同努力，鼓励支持更多年轻人成为产业工人。"宁愿送外卖，也不进工厂"如今已经成为新一代年轻人的就业选择，但究其原因除了制造业本身相对较低的就业待遇与"Z 时代"崇尚自由的就业观外，居民融资约束的变化可能也是背后重要的原因之一。

一、金融科技对居民预算约束的影响

　　在宏观经济框架当中，居民是产品市场中的消费者，又是劳动力市场中的供给者。居民一方面基于可支配收入进行消费，以期获得效用最大化；另一方面，囿于家庭消费融资约束，居民不得不通过提供劳动力获取可支配收入。因此，居

民资金融资约束是推动产品市场与劳动力市场有效互动的核心动力。数字时代下，互联网信贷如今已经成为中国普惠金融最重要形式之一。截至 2020 年底，中国数字经济规模达 39.2 万亿元，位居全球第二位，占 GDP 比重为 38.6%；互联网网民规模接近 9.89 亿，占总人口的 70.4%。数字经济时代的到来也加速了金融数字化进程，以大数据、云计算、区块链、物联网和人工智能为基础的金融科技发展日新月异。一直以来，金融排斥在全世界都是一种普遍的现象，收入水平低、拥有较少家庭资产的群体普遍更难获得金融产品与服务，常常被排除在正规金融体系之外。然而，伴随着金融科技的进步，金融服务的信息化与数字化让居民获得信贷资金不再受限于地理位置，并且有效缓解了传统金融体系中存在的道德风险与逆向选择问题。相较于传统金融体系中基于借款用户"硬性 + 软性"信息相结合的贷款技术，数字普惠金融的贷款技术更多依赖于用户的"硬性"信息，这意味着数字普惠金融的发展从物理距离上推进了"金融脱媒"的进程。鉴于严格的金融系统法规限制，金融科技还能够有效地提供传统金融框架下银行所不能提供的金融服务。同时，各类互联网借贷平台的竞争也遍布全国，借贷市场的激烈竞争也提升了地方层面居民的信贷资源的可获得性。

近年来，随着中国金融科技的飞速进步，互联网金融公司通过构建支付场景与使用大数据技术有效克服信息不对称问题，大大降低了获客与风控成本，很大程度上促进了普惠金融的发展。中国数字普惠金融的发展能够提升经济运行效率，改善消费者福利水平。构建信息化的普惠金融体系能够促进收入分配公平和减缓贫困，是社会帕累托最优的政策框架选择。金融科技产品有助于居民从市场化中获益，实质上推动了存款利率市场化。中国家庭追踪调查数据显示，数字普惠金融显著提升了农村低收入群体的家庭收入，促进了中国的包容性增长。互联网贷款作为数字普惠金融重要的组成部分，覆盖了原本被传统金融体系排除在外的消费者，让所有用户都有机会获得小额的消费信贷服务，享受"先享后付"的便捷体验。

以互联网贷款为代表的金融科技广泛覆盖了无法从传统金融机构获取信贷资源的"草根阶层"。中国最大互联网金融公司招股说明书披露，截至 2020 年 6 月 30 日的 12 个月期间，约 5 亿用户通过该公司的微贷科技平台获得了消费信贷。清华大学中国与世界经济研究中心发布的《2018 中国消费信贷市场研究》，在对 1169 个消费信贷用户进行的问卷调查中，月收入在 2000—4999 元的群体占样本总数的 70%，其次为月收入 5000—9999 元的群体，10000 元以上高收入群体的消费金融行为较少。对消费信贷用户教育程度的调查显示，中专学历占比最大，约为 57.5%。可以发现，中国消费信贷市场的用户主要以中低收入、教育水平的人群为主。这类人群是消费信贷业务最主要的需求群体，而互联网信贷所带来的融资约束放松应当使其消费者福利得到较大幅度的边际提升。数字经济时代，随着金融科技与经济社会生活日益融合，其负面外溢影响也开始显现，比如一些金融科技企业通过各类消费场景过度营销小额贷款或类信用卡透支等金融科技产品，引发青年群体超前消费和过度消费；部分金融科技企业的互联网贷款 ABS 形成上百倍的杠杆；头部金融科技企业市场垄断等。2020 年以来，在管理层加强金融科技监管的同时，学术界也开始思考在数字经济时代，金融科技对实体经济带来了哪些多维影响和潜在冲击。

二、金融科技对员工流动性和企业生产率的影响及企业应对

针对中国企业的研究发现，互联网贷款普及程度越高的地区，域内企业员工的流动性更高，企业的劳动生产率水平更低，且该效应主要集中于人力资本水平低的劳动密集型企业。在城市层面上，该效应在居民融资约束强、消费预算约束强、劳动力供给紧张、人力资本水平低的三线及以下城市更加显著。同时，互联网贷款的普及显著提升企业低技能劳动力的就业弹性，并降低企业的工资黏性。劳动力流动性的提升降低了企业劳动力要素投入的稳定性，增加劳动力成本，进而导致企业劳动生产率的下降。当企业产出规模发生下降时，互联网贷款使得企业员工数量发生了更大程度的减少，更大规模的员工流失是导致企业劳动生产率下降的重要原因。那么，互联网借贷为什么会对劳动生产率产生如此深刻的影响呢？

互联网贷款在缓解广大中低收入居民融资约束的同时，也对这个群体的就业决策产生影响。一方面，互联网贷款扩大了劳动者的就业选择范围。数字普惠金融通过扩大金融服务的覆盖范围、降低交易成本、缓解融资约束促进了居民的创业行为，进而促进了农村劳动力的自我雇佣。中国劳动力动态调查数据显示数字普惠金融对创业行为具有异质性的影响，数字普惠金融仅会促进"自雇型"和"生存型"创业，而不会促进"雇佣型"和"机会型"创业，而前两者创业活动

的门槛相对较低。因此，互联网贷款的广泛普及在放宽劳动者融资约束的同时，也丰富了劳动者的就业选择，使其在劳动力市场中即使不选择成为工资获得者，也能够通过数字普惠金融服务成为自我雇佣者。劳动者就业选择的扩大，使得其有可能为寻求理想的职业发展道路而更为频繁地更换工作，这将造成企业员工流动性的提高。

另一方面，互联网贷款能够放宽摩擦性失业者的消费预算约束。数字普惠金融显著增加了流动资产较低家庭的消费，从而说明数字普惠金融主要通过缓解居民流动性约束来提升消费。因此，以互联网消费信贷为代表的数字普惠金融通过平滑居民的跨期消费放松了居民的短期流动性约束，而这种变化也将影响劳动者在就业市场上的行为决策。针对美国就业市场的研究发现，消费信贷在平滑消费者跨期消费预算约束的同时，让家庭能够更加乐观地去搜寻收入更高、更难以匹配的工作机会。当经济衰退时，信贷规模的增长将提高短期失业，并使得就业的恢复更加缓慢。对于离职的企业员工来说，互联网消费信贷所提供的延期支付服务能够有效提供流动性，放松消费预算约束，使其能够平稳地度过短期摩擦性失业。特别是企业中以"90后""00后"为主的年轻劳动力群体，打工不再是其唯一的生存必须，他们的就业和离职会更加的随性和"看心情"，这使得他们在劳动力市场上可以更自由地选择工作，即便选择短期不工作也依然能够通过互联网小额借款维系生活，保持一定的消费水平。因此，互联网贷款能够通过平滑居民跨期消费，降低劳动力失业所需要承担的风险，使得劳动者能够更轻易地转换工作，进而造成企业员工流动性提高。

低技能劳动力在劳动力市场中具有更高的流动性。我们通过针对流动人口的问卷调查发现，流动人口受教育程度越低，其平均每份工作时间越短。当市场信息不对称时，为了增加收入、提高技能、改善工作条件等，低技能劳动力往往通过不断"试错"来寻找匹配的工作，从而导致其有较高的流动性。而低收入群体正是非银行消费信贷参与率最高的群体，且数字普惠金融对低收入群体消费者福利的改善更为明显，互联网贷款应当对低技能员工的劳动力供给决策产生更大的影响。因此综合来看，互联网贷款通过扩大劳动者就业选择范围，缓解摩擦性失业者的流动性约束提高了低技能劳动力的就业流动性。而对于企业来说，高频率的员工流动使得企业无法组建一支稳定的生产队伍，从而无法在生产中实现长期人力资本积累，造成企业生产效率的损失，最终导致劳动生产率下降。

面对互联网信贷造成的企业劳动生产率下降，企业将以何种方式应对呢？根据微观经济学原理，一种生产要素价格的变化会引起另一种生产要素的需求变化，即生产要素之间的替代效应。例如，劳动保护法规提高了劳动力成本，导致企业使用更多的资本来替代人工；21 世纪初省级养老保险征收机构变更后，社保缴费使劳动力相对价格上升，促使企业增加投资，减少雇佣；更为廉价的工业机器的出现对企业的劳动力需求存在替代效应，且该效应在不同类型的劳动力群体之间存在显著差异，存在"就业极化"特征。因此，企业层面较频繁的劳动力流转带来雇佣成本上升，这一路径同样会倒逼企业更多地使用资本替代劳动而实现资本深化。研究发现，企业为消除互联网贷款对企业劳动生产率的负面影响，摆脱对低技能劳动力的依赖，更多地增加了资本投入来替代劳动力投入，并通过加强研发创新力度提升产品附加值，主动由劳动密集型生产方式转向资本密集型与技术密集型转型。

三、数字经济时代金融科技外溢效应的政策对冲与理论思考

数字经济已经渗透到中国经济社会的方方面面，而数字经济与金融科技的融合也使得数字普惠金融实现了跨越式发展。2011 年中国各省份数字普惠金融指数的中位数仅为 33.60，2015 年增长到 214.60，2018 年进一步增长到 294.30。数字经济在改变人们生活的同时，也在重塑当今中国的经济、社会与文化。随着数字经济、金融科技对实体经济、微观企业的影响从消费领域扩展到了生产领域，其外溢影响也会变得越来越多维而复杂。政策制定者在鼓励数字经济发展以充分消除信息不对称、发挥网络效应的同时，也应对数字经济可能产生的外溢效应进行深入、系统的研究与评估，从而思考相应的政策措施，以最大限度地缓解潜在的负面冲击。而面对互联网贷款所导致的劳动力供给冲击，企业应积极推进转型升级。如今，中国正在迈入"刘易斯拐点"，劳动力的成本优势已经不再明显，叠加互联网贷款发展和普及所带来的劳动力供给冲击，企业在短期内可能面临劳动生产率下降的风险。企业自身应当通过改善用工环境吸引年轻人，降低员工的流动性，也应当通过转型升级摆脱对"廉价劳动力"的路径依赖。政策制定者应当重点关注经济欠发达地区的劳动密集型企业，对其中转型困难的企业给予一定的政策引导和扶持，以缓解数字经济和金融科技的外溢效应。同时，政策

制定者也需要最大限度地减少企业转型对就业市场所产生的影响，防止收入差距扩大。

政策制定者在关注数字经济潜在的负面外溢效应的同时，也应进一步完善失业保险等社会保障制度。鉴于互联网贷款不确定性高的特点，完善社会保障制度，对于防范互联网贷款可能带来的劳动力市场冲击和潜在的社会问题具有重要意义。现阶段，中国失业保障制度存在覆盖面不足、失业保险资金筹措不足、失业救济水平不高等问题，失业保险制度的现代化程度不足是当前中低收入的劳动者过度依赖互联网贷款等数字普惠金融手段的诱因之一。在健全失业保障制度方面，失业保险和失业救济的资助水平应当提高。以往用于失业保障的资金支出主要来自政府和企业两条渠道，而随着中国人均国民收入的稳步提升，家庭自身的购买力水平也在不断提高，相应的失业保障基金应当逐步向国家、企业、个人共同负担的方向发展。此外，我们也应加强金融监管，防止互联网贷款业务无序扩张。以互联网借贷为代表的数字普惠金融正在改变着青年群体的融资约束、消费习惯，自然也会改变他们的就业意愿和就业市场的流动性和弹性。互联网贷款带来的过度负债、非理性消费（超前消费或过度消费）应该引起关注，政策制定者应加强互联网贷款监管，倡导合理的消费观，严格限制向无固定收入来源群体发放互联网贷款。在对互联网贷款加强监管的同时，社会也应当在青年人群中倡导"量入为出、适度消费"的生活理念和"积极上进、努力奋斗"的价值观。

（作者蔡庆丰为厦门大学经济学院教授，王瀚佑供职于平安银行总行，李东旭为厦门大学王亚南经济研究院助理教授）

"对标法"预期增长的
经济统计学评论

邱　东

对于中国经济增长的走势究竟如何，国内外存在截然不同的看法，其实这也很正常，智者见智，仁者见仁。

但专业人士应该注意到，预期的关键并不在于增长率数值的估计，如今后一个时期内增长究竟是 5%，还是 8%。既然是对"潜能"的判断，那么数值多少都不能算错，预期无法"证伪"，因为"潜能"的真值无法测度。即使事后没达到某个预期值，也完全可以归咎于"潜能"的发挥受到了意外阻碍，并非"潜能"本身不在。

所以，评判预期质量的关键在于相关思考的专业质量：得出预期数值背后的逻辑思路是否切实连接，预判所隐含的假设是否能贴近于未来的发展实践，对制约经济增长诸要素的认知是否到位，预判的经济统计方法论基础如何。

一、预判增长潜力需要思考的要素和顺序

"对标法"把本国与"对标国"的"差距"等同于"增长潜力"。其隐含的理由是"人能我能"，既然有的国家能够实现人均收入中高位水平上的快速增长，当然新兴国家也能实现，毕竟，新兴的显著特征正是快速增长。

然而，差距只是一种可能性，要将其落实为经济增长的现实，首先需要各种增长要素的齐备与合理组合，还需要充分发挥人的能动作用。所谓市场机制，其实不过是市场行为主体相互博弈所形成的动态关系。

增长潜力预期需要充分思考其中隐含的多种要素，至少包含如下五个宏观方面：外部发展环境、人口规模约束、产出的投入约束、经济周期大背景、生产能力的市场实现。同时，尽管它们彼此关联，但其优先顺序对预期质量也很重要。

还有增长速度与发展质量的取舍问题。经济发展不是生豆芽，即便是生豆芽，也并非发得越快越好，而是发芽速度比较重要。经济增长也并不是越快越好，在长期发展过程中，应该自主把握增长节奏。如果一个经济体总是需要靠增长速度来维系运转，这种无奈本身就说明发展质量还不够高。提倡高质量发展，一个含义就是尽可能摆脱对 GDP 总量扩展的单一追求。

二、基础指标的可靠性值得深究

对基础指标的可靠性需要注意以下几点：

第一，"对标法"分析基于 GDP 指标的国家间差异，假设前提是该指标确实能反映发展水平高低。但如果假设不成立或不充分成立，对预期结果的影响指向及多大程度都需要深究。笔者曾提出，GDP 并不是新兴国家测度和比较国力的合宜指标，同样 GDP 总量的质量未必相同，对发展的影响也不同。

第二，高潜能预期基于"奇迹持续假设"。从四十年的历史经验看，别的国家能做到的，中国也能做到，还能做得更快，于是这被称为"增长奇迹"。但是，究竟奇到什么程度？过程中长期成木遗留了多少？隐含成本掩盖了多少？天下没有免费的午餐，成本效益不能只看一个方面，不能被"短期收益"或账面收益迷惑。

第三，不能将"或然因素"当作绝对判据。如果预期依据或然因素，则结果当然也为或然。如果条件或然，就需要做出或然的预期——在何种条件下，会得出何种运行结果。

三、"对标国"与中国面临的外部发展环境恰恰相反

在人均收入中高位水平上持续高速增长的只有德国、日本和韩国，所以这三个国家被选为"对标国"。然而应该看到，这类高位快速增长存在着特殊国际背景，美国对他们的支持是构筑与苏联争霸的前沿阵地，是"地缘政治"红利。

然而不同国家所面临的国际背景大不相同，选择"对标国"时需要重点考虑。当下，中国本来仅是"GDP总量最大的发展中国家"，却被美国内外的各种"甩锅"力量推到了与"最大的发达国家"相"对决"的位置，所以，中国发展所面临的地缘政治因素非常不利，主体上是负面的，作用力不少是反向的。

应该看到，前期中国的快速发展也受了外部环境的影响。当时正值美欧博弈上升为世界主要矛盾，客观上造成了被压制的中国的相对缓和期。

柏林墙倒塌后，欧洲国家的联合对美国失去其战略意义，美国奉行"美国优先"的基本国策，首先要压制乃至消除的就是欧盟的发展。应该注意到英国脱欧过程中的美国因素，在特朗普总统执政时期表现得最为直接和明显，他直接说破：欧盟是美国的敌人。

移民和难民的极端行为尽管给欧盟国家带来很大困难，但在异族人口占总人口比重达到临界点之前，都不过是颠覆欧盟的游击队。与欧盟不宣而战的正规军恰恰是美国的跨国资本。

同时要看到，也正是由于美国对欧盟、俄罗斯，包括日本、韩国，一直采取高压政策，这些国家才更有将祸水外引的动机和动作，一个主要目标就是把中国推向与美国"对决"的位置，借助此种博弈手段，求得自身从美国的高压中解脱。

美国这些年在全球剪"羊毛"，但美国不同类型资本（产业资本、金融资本和数字资本）之间矛盾颇深，失去苏联这个强大的竞争对手后，对国内百姓的利益也无须那么在意，尽管经济仍然增长（"狭基型增长"），但美国大资本极其贪婪，分配极度不公，出现了1%与99%的严重分立，国内积怨甚多。特朗普对此心知肚明，但根本无法兑现竞选诺言，怨气外引自然是最佳选择，而中国则很方便地成为其攻击目标。

现在，拜登总统接续特朗普的对华极端遏制政策，还改变策略联合发达国家，包括某些与中国存在某种博弈关联的国家，合力"围剿"中国。一些国家选择与美国为伍，反映出他们对中美实力差距的判断，而在将中国推到与美国"对决"位置时所谓的中国强大的说法，不过是博弈中的说辞，未必是其内心真实的认定。

美国国内也存在用夸大中国实力来获益的做法。例如，"脸书"创始人扎克伯格在国会听证时，就用中国可能的抢先发展来唬人，此时他所说的中国"威

胁"，显然就是一种机会主义的托词。所以，外人对中国增长潜力的浮夸之辞带有水分，不能作为高速增长预期的佐证。相反，对外部发展环境的负面约束却应该留出充分的余地，以免实际经济运行结果不如预期。

四、规模约束：人口总量不同所需弥补收入增量和增速都不同

在对标比较中，需要注意造成两类国家差异的因素。从经济统计的指标关系判断，不同人口总量的国家，弥补同样人均 GNI 差距所需要的 GNI 增量不同。人口大国要弥补同样幅度的人均收入缺口，就需要更多的收入增量，人口相差多大倍数，收入增量就需要多出同样的倍数。同时，弥补相同的收入缺口，人口规模如果比较大，就需要更快的收入增速。

因此，在确定和比较"对标国"时，需要考虑人口规模约束这个因素。尽管德国、日本和韩国也不算人口小国，但在数量级上与中国、印度还是无法相比，该因素对预期可靠性的影响不会小。

此外，人口总量和增量对增长潜力的影响是双重的，除了人均收入量估算中作为需求方外，还涉及增长要素的供给，即劳动力的供应质量和数量。不同人均收入水平的增长对劳动力的质量要求不同，劳动力总量与结构能否支撑所预期的增长也应纳入视野，需要与对教育数量、水平和质量的判断和预期相匹配，从而支撑并协调对教育政策的实施和调整。

五、应该更重视投入产出关联视角

对 GDP 应该做多维理解，不能只想到它作为成果的这一面。读到它，用到它，尤其是在预期增长时，不管是否明示，其数字就同时意味着一个投入产出比率，不仅是成果的产出，还意味着资源的投入。而且还要充分理解：增长的基数越大，同样增速所面临的投入约束就越大。

需要充分重视产出所需要的投入支撑，原材料供应，无论是数量还是投入节奏，对生产及其效益都至关重要。无米之炊和"少米之炊"的风险都需要当心，即便仅仅是"少米之炊"，就会使得我们高速增长的预期大打折扣。所以，决不能把增长的账算得太满，否则容易盲目乐观，执行下来往往低于预期。

当年奥巴马先生刚刚当选总统，就公然宣称，中国人过上美国人的日子，是地球的灾难，直接暴露出他与特朗普相同的"美国优先"底色，可见他内心深处并不信奉"人人生而平等"。但同时也要看到，他从资源竞争的角度看待中国增长问题，非常具有警示作用。

中国人总认为国家复兴和崛起理直气壮，但外国人未必接受，因为地球的资源有限，在一定时期内资源占用确实具备零和游戏的性质，至少中国高速增长对资源的大量需求会抬高市场价格，即便数量上不超出市场容量，也会引起价格波动。所以高速增长的预期要充分考虑资源竞争的影响。

六、全球经济周期大背景对一国一定时期内经济增长的制约

不论哪个国家，经济总是在波动之中，受到全球周期的影响。在经济比较景气的周期背景下，快速增长就比较容易实现，即顺势而为。所以，对增长高速潜能的预判，需要放在全球经济周期的背景下，在全球化时代更是如此。

需要回溯："对标国"在中高位人均收入水平时继续实现高速增长，究竟是在什么周期背景下？不可脱离当时的全球背景做对比。还需要做出预判：当下全球经济处于长周期、中周期和短周期的什么段位？同时，预估其对经济增长潜能发挥的影响方向和程度。如果处于顺周期段位，那么预期可以偏向乐观；但如果全球经济处于下行周期之中，预期高速增长就意味着逆袭，就需要格外的对冲力量向上拉动经济，就需要格外的努力。对于是否可以调动这种对冲力量至少需要做出格外的说明。

七、生产能力的市场实现：最为关键的因素

经济增长，即便只考虑生产，即便已经具备了充分的产能，第一位需要考虑的还是市场实现。马克思的资本论宏大叙事，最深刻的一条就是揭示资本主义经济危机的实质，即生产过剩的危机。马克思明确指出从商品到货币"惊险的一跃"，这是最不应该忘记的，商品生产过程中从商品到货币的转换至关重要，如果无法转化，货币就不是资本，就掉进了万丈深渊，哪里还有什么GDP？怎么可以掉以轻心？

最重要的是，产出得以实现的市场究竟在哪里？究竟有多大空间？是否足以让现有产能充分发挥？具备同样产能的竞争对手态势如何？他们能占有多大的市场空间？已经拥有的客户能否持续保留？新的客户能否开发到手？或可能以什么样的代价拥有新客户？现有产能需要如何相应调整和提升？总之，并不是具备了某种产能就可以实现经济增长。

不能忘记，中国前几年曾经大力推行"三去一补"，其中重要一项就是"去产能"。这告诉人们，产能本身既可以产生正效应，也可能产生负效应。能否实现经济增长，关键在于现有产能对市场而言是否能动态匹配。

对任何经济体的增长而言，市场实现都是第一位重要的，发达国家也不例外。最典型是证明是当年美国的"马歇尔计划"，如此大力推行欧洲战后重建，究竟是为了什么？或者，首先是为了什么？这是一个问题，一个值得深究的问题。

思考这个问题，需要仔细观察美国20世纪GDP的波动态势，其最高点在哪个时期？其最低点又在哪个年份？（居然不是大萧条的1929—1933年）如果搞明白了这种峰谷大逆转，就能修正美国一直以来对"马歇尔计划"的人道主义宣传，就能够得出深入表象的真实判断。美国的"马歇尔计划"首先挽救本国生产过剩的深度危机，必须开发出相当的市场空间，从而释放第二次世界大战期间所形成的庞大军工产能。

讨论市场实现问题，还应该记取一个历史故事，英国睡衣生产商的中国市场预期。这位资本家发现中国人口特别多，就非常兴奋，梦想着如果他的睡衣卖到中国来，一人只买一件，他的工厂就大发了！可惜后来他才知道，当时中国人睡觉根本不穿睡衣，睡衣生产极大增长的预期也就无从谈起了。

应该看到，只有在"短缺经济"背景下才无须考虑市场实现。中国人长期生存在短缺经济当中，思维习惯上对市场实现问题不敏感，现在既然经济在总体上突破了短缺格局，就得注意聚焦于市场这个观察要点。在预期增长时，首先得考虑产能与市场的匹配问题。严格来说，没有什么"落后产能"，需要淘汰的只是从长期看的"非匹配产能"，这种产能对市场需求而言才是落后的。

八、预测的社会功能

预测与测度不同。在经济统计历史上，测度究竟是以客观反映经济社会现实为准，还是以服务于政策和决策为准，存在着争议，不能定于一尊。预测是对未来的"测度"，显然是作为决策工具存在的，于是，需要关注预测的社会功能。

预测会出现自我实现的情况。例如，对小盘股股票来说，如果意见领袖预测某种股票上涨，并带头买进，该意见领袖的粉丝跟随买进，这只股票就真的上涨，意见领袖的预测成功。预测也会出现"自我逆否"的情况。例如，某人要被飞来的石头砸中，旁人喊他躲开，就是一种对险情的预测，这人如果成功躲开，旁人的预测就没有实现。

对增长潜力的预期是否应该考虑其社会功能，恐怕不同人有不同看法。市场经济发展，信心非常重要，如果预期偏于乐观，确实提升了社会信心，大家按照预期的方向共同努力，有可能真就实现原本理由不那么充分的乐观预期。但如果多数人感觉预期质量不高，并不能让人信服，对增长的促进作用就无从发挥。可见，乐观的增长预期未必能够发挥正面效应，故而，还是以多因素综合考虑为妥，不能简单地按照"对标国"的历史经验套裁自家的增长。

（作者为江西财经大学讲席讲授）

什么样的制度是好制度

——从避免浪费的篮球规则改革说开去

王松奇

在现实世界的各个领域，举凡政治、经济、文化甚至体育，人们的行为都受制于客观存在的制度。制度就是游戏规则，游戏规则科学合理就能避免浪费，就能提高效率。

现在，全世界有很多人都喜欢看篮球比赛，世界各地的篮球比赛中，又以美国的 NBA 最能吸引眼球。美国人对篮球运动的贡献，不仅仅在于发掘培养了众多伟大的球员，以及举办了无数场难以复刻的经典赛事，关键还在于它创立了一个让这项运动精彩纷呈、以公平和激烈竞争为引擎的优秀制度。而这项制度的全方位改革是由一场40多年前（1982 年 3 月 7 日）充分显露旧的篮球规则弊端的篮球比赛触发的。

那一天，美国北卡罗来纳州的格林斯博罗飘着清冷的绵绵细雨，全美排名第一的北卡队迎战排名第三的弗吉尼亚队，这是他们在常规赛季后的再次相遇，两支球队在全年比赛中都只有两场失利，这次比赛是为了争夺大西洋海岸联盟（ACC）男子篮球冠军比赛的入场券。北卡队上场队伍中有 5 人后来成为美国职业篮球赛（NBA）球员，3 人成了明星，篮球运动员迈克尔·乔丹当时正处于他的北卡处子赛季。电视机前收看比赛的观众数量空前之多，而格林斯博罗体育馆内，疯狂球迷达 16034 名，大家都期待一饱眼福，场面之热烈、气氛之高涨很难用语言描述。

但是，由于旧规则起作用，在比赛过程中，一直到结束，球迷们嘘声不断。这是怎么回事？原来，当比赛还剩下 7 分 33 秒时，北卡队领先 1 分，北卡队教练迪恩·斯密斯安排队员们采取拖延战术，此时场上的情形是这样的：弗吉尼亚队教练让队员保持人盯人防守，而北卡队球员却只是运球、传球，就是不投篮。这使得这场众人寄予厚望的比赛变得无聊透顶，观众愤怒的情绪如即将爆发的火山。一位资深体育作家评论道："今天，教练们再一次侮辱了篮球，毁掉了一场本将载入史册的精彩赛事。"由于旧的篮球规则没有限制投球的时间，因此，1982 年以前的篮球比赛"怠工"，即"拖延投球"成为普遍现象。3 月 7 日的这场比赛成为篮球史上遭球迷唾弃最甚的一场比赛。自此以后，全国范围内的篮球比赛平均得分直线下降，长此以往，这项伟大运动的吸引力可能丧失殆尽。怎样改变教练们为赢球不惜采取"拖延投球"的行为？怎样让球员们在场上最大限度展现自己精到的进攻能力？美国全国大学生体育协会（NCAA）开始研究篮球比赛规则。他们冥思苦想解决对策。定居纽约州雪城的意大利裔移民丹尼·比亚索恩的名字闪入他们的脑海，这个人于 1954 年发明了沿用至今的篮球比赛 24 秒规则。

丹尼·比亚索恩拥有一家保龄球馆，也积累了足够的财富，他成立了一支专业篮球队伍。1950 年，韦恩堡活塞队和明尼阿波里斯湖人队的比赛创下了史无前例的 19∶18 的比分纪录，篮球运动的"拖延投球"危机首次出现。作为一个精明的商人，丹尼·比亚索恩为了使自己的篮球队不受损失，突发奇想，创造性地提出了 24 秒篮球规则，规定 24 秒内必须有一次投篮，否则以违例论，裁判就会鸣哨将球交给对方球队。1954 年，NBA 开始采用丹尼·比亚索恩规则，仅仅一年时间，每场比赛的投篮次数和得分明显上升。正是这个思路拯救了美国篮球命运并将这项运动引入了辉煌发展的时代。

一项好的制度即使行之有效但在推广普及时也还会遇到重重障碍。本来，1954 年，美国 NBA 就开始推行 24 秒规则，为什么到 1982 年，美国全国大学生体育协会的官员们却都没有采纳这项先进的竞技制度呢？这实际上是受到了教练们的抵制。据说，就在北卡对弗吉尼亚这场令人失望透顶的比赛后 20 天，NCAA 规则委员会进行了一项调查，结果教练们以 343 票对 53 票的压倒性多数反对采用投球时间限制而仍然坚持原来的不设投球时限的想法。到目前为止，几乎全世界的篮球运动都统一到 24 秒规则上来了，只不过这个先进的制度被接受的时间稍显长些。

相比经济、政治、文化、社会制度的变革，篮球运动的制度改革要简单

许多。

篮球运动的 24 秒投篮规则核心是激励和约束条件的变革，而变革的核心是减少球员的效率浪费。经济制度的优劣标准其实也是浪费程度的比较。

1978 年中国改革开放的核心内容是引入市场机制，让市场机制在资源配置中最大限度地发挥作用，其客观意义就是避免传统计划经济指令经济下的资源浪费。匈牙利裔经济学家科尔内最早反思了计划经济造成的体制性浪费问题，他用"软约束预算"来概括体制性资源浪费的本质特征。"软约束预算"是什么意思？用通俗易懂的语言说就是，"不是自己的钱花起来没人心疼"。传统计划体制下的国家所有制具象为全民所有制，而所有制中的国有企业占统治地位时，所有者虚置。计划生产脱离市场，忽视人民群众的现实需求，资金由财政供应，生产、流通、消费环环脱节，因此计划经济体的产品离市场经济体的产品存在巨大的质量、技术差距。20 世纪 30 年代，对于市场经济和计划统制经济孰优孰劣，以哈耶克和米塞斯为代表的一批奥地利经济学家，与以兰格为首的拥护"市场社会主义"的经济学家，展开了一场激烈的论战。现在人们对市场经济在资源配置效率上明显高于传统的集中计划体制似乎已无疑义，这也是我国 1978 年选择改革开放道路并在今天仍然要继续坚持改革开放基本国策的基本理由。

就像篮球 24 秒规则，1954 年就被人发明并被 NBA 采用，但到 1982 年美国全国大学生休育协会的决策者们仍然不采纳一样，中国的市场经济之路市场调节思维到现在还有许多人不支持、不理解，中国市场经济发展道路的认知实践和磕磕绊绊的过程肯定还需要几十年时间。在中国，无论是官员还是普通百姓，包括经济学界的保守人士实际上都需要市场经济的启蒙，有许多人能讲市场经济，但一碰到实际问题就很容易走回头路，那是计划经济体制下形成的思想路径依赖和行为路径依赖。出现这类行为的原因可能是经验主义，也可能是根深蒂固的意识形态。怎样寻求思想统一的问题，其实想一想小平同志南方谈话中提出的"三个有利于"就都迎刃而解了。邓小平理论坚持务实治国，始终以经济建设为中心，以提高民众的福祉为着眼点，以改革开放为基本国策。对内不折腾，对外实行韬光养晦，保证国家长治久安、和平发展，在政策上制度上对内对外都最大限度地避免资源浪费。改革开放基本国策使中国走上以经济建设为中心的正确发展道路。中国的改革从农村开始，尊重农民的生产方式选择，让农业生产力得到释放。到 1992 年，全中国取消了粮票，中国人的吃饭问题初步解决。随后进行的城市改革特别是国企改革，以及宏观调控改革、金融体系改革、汇率财税制度改革，中国加入 WTO，使得中国经济的投资、消费、出口三驾马车充分发挥了经济拉升作用，中国出现 40 多年的高速成长，直到 2010 年中国成为世界第二大经济体。这些经济奇迹背后起作用的就是制度改革的力量，是避免经济浪费的规则力量。

经济发展和篮球运动的发展从规律上说，有异曲同工之妙。未采用 24 秒投篮规则的 NCAA 即使有许多伟大的球员参与，但由于制度规则所限，教练们为了赢球会采取无限拖延战术，使得许多被寄予厚望的比赛变得十分无聊，球员的"生产力"得不到充分发挥，数万人观看的比赛充满嘘声，其严重后果就是这项获得广泛热爱的体育运动市场萎缩，篮球经济丧失发展前景，在与其他体育项目的经济竞争中遭受失败；而在 24 秒规则被普遍采用后，篮球比赛重新成为受人喜爱的运动项目。

改革开放 40 多年，我国取得了举世瞩目的成就，但是，近几年来，中国经济发展速度显著放缓，各种矛盾显现，又说明中国在改革开放的道路上还有很多难题需要解决。依我的观察，我国经济学界目前面临的一个重要任务就是思考那些过去几十年改革尚未完全解决的制度性、结构性资源浪费问题。我们可以推论：一个最好的制度一定是能最大限度地减少资源浪费的制度，要找到这样的制度，当然是首先在理论上对资源浪费的历史与现实进行最切近事实的分析，总结出规律性。由此我不揣鄙陋大胆建议中国的经济理论工作者们对一个新的研究方向给以充分注意——浪费经济学。

科尔内的《短缺经济学》在新的历史条件下的确需要一个新的姊妹篇——《浪费经济学》。这样一本书可以弥补科尔内《短缺经济学》对传统计划体制批评的缺欠，并以转型经济的发展实例为观察分析样本阐明新发展条件下资源浪费产生的体制性和政策性原因。

在这本《浪费经济学》里，可考虑以下一些内容。(1)浪费的度量。(2)浪费的分类。(3)传统计划体制下的浪费。(4)体制转型期的浪费。(5)政府部门：公款消费、面子工程、盲目扩张支出等。(6)企业部门：国有制企业的浪费和非公企业浪费。(7)金融部门：传统体制下的贷款、转型期的 P2P、非法集资、互联网金融、股市融资欺诈等。(8)行政命令造成的浪费。(9)对政治不稳定地区

的对外投资、冒险放贷。(10)人力资源、智力资源、教育资源浪费。(11)资源浪费的国际比较。(12)最大限度避免浪费的制度和政策设计等。

美国篮球比赛的24秒投球限制着眼点是避免浪费球员的生产力，我们研究浪费经济学也是为了最大限度提升资源配置效率，最好的制度一定是浪费最少的制度，对这一点，我坚信不疑。

（作者为中国社会科学院金融所研究员）

为什么经济学人更容易感到幸福？

吴克明

幸福是人类永恒的主题，追求幸福感是人之天然本性。那么，为什么说经济学人更容易感到幸福？回答这个问题，不仅有利于揭示经济学的重要性，也有利于为人们获得幸福提供一个思路，因此值得探究。不妨从经济学的理性人假设说起。

经济思想的发展历史表明，经济学的研究对象已经从资源配置扩展为行为选择，成为一门研究人类行为的社会科学。经济学理论大厦构建于资源稀缺性和经济人这两个基本假定之上，理性人假设（也称经济人假设）基于人们"趋利避害"的利己本性，认为个体的行为选择都是追求在特定约束条件下实现自身预期利益最大化。

随着经济学的发展，理性人假设有了新的内涵，已经从追求"利益最大化"拓展到追求"效用最大化"。效用是指个人的需要得到满足时获得的心理愉悦感，是一种积极的主观心理感受。马斯洛的需要层次理论认为，人的需要包括生理、安全、归属和爱、尊重和自我实现的需要五个层次，显然，满足其中任何一种需要都能够产生效用。所以，不仅金钱财富、健康、美味佳肴、住宅、休闲娱乐、读书、看电影等物质或活动能够产生效用，而且友爱、尊重、名声、地位以及道德感、正义感等精神方面的满足也能够产生效用。值得注意的是，正如利益有盈亏、得失之分，效用也有正负之分，正效用（通常简称为效用）是指需要得到满足而产生的愉悦、自豪、满意、自信、感激等积极情绪、正面情绪，负效用是指需要遭受阻碍而未能满足或担心未来难以满足需要所引起的愤怒、怨恨、烦恼、痛苦、忧虑、恐惧等各种消极情绪或负面情绪。

效用的主观性特点与幸福完全一致，在其他条件不变的情况下，个人的效用越大，幸福感就越强。正因此，萨缪尔森提出了著名的幸福公式：幸福＝效用/欲望（欲望就是人们期望达到的目标，也可理解为"需要"）。公式表明，幸福与效用成正比、与欲望成反比，即：欲望既定的条件下，效用越大越幸福；效用既定的条件下，欲望越小越幸福。效用越接近甚至越大于欲望，幸福感就越强。如果效用为负，幸福值也为负。幸福公式意味着，有三种思路可以提升人们幸福感：提高效用，减少负效用，降低欲望（或期望）。效用和欲望都是主观性概念，与人的心态和性格等主观心理因素息息相关，换言之，心态与性格影响着效用和欲望，进而影响着幸福感，而经济学在引导和启发人们形成良好的心态与性格方面，也大有用武之地，这也正是经济学人为什么容易感到幸福的内在逻辑。

第一，理性人假设的"未来指向性"特点，引导人们乐观积极面对未来，形成乐观积极的心态。根据理性人假设的含义，人们会自觉地为追求"预期"收益最大化而努力，"预期"亦即"预先对未来的期待"，"预期收益最大化"亦即"预先对未来的美好期待与憧憬"，所以，这一假定暗含着"乐观面对未来、积极努力"之意，有利于引导人们形成乐观积极的心态。其中的逻辑在于，乐观积极的心态不仅本身就是一种令人愉悦的正面情绪，而且从经济学的角度来看，也是一种能够产生收益、富有智慧的优秀品质。相对于成功和顺境，挫折和逆境才是检验一个人是否真正乐观的试金石，也是最能体现乐观之价值、最能发挥乐观之作用的时机。在挫折和逆境中，乐观者正是凭着对未来依旧满怀的希望和一种"天生我材必有用，千金散尽还复来"的豪迈，才充满斗志、坚毅执着、不屈不挠、坚定不移、持之以恒，所以，乐观心态赋予人们一种源源不绝、催人奋进的精神力量。乐观者更可能战胜挫折、走出逆境，"对光明的期待和追求，是支持自己度过黑暗的力量"（熊秉元语），甚至还能将逆境变成走向成功的垫脚石，最终取得成功，正所谓"失败乃成功之母"，"宝剑锋从磨砺出，梅花香自苦寒来"。历史上凡历经磨难而取得伟大成就的成功者，往往也是乐观主义者。相反，悲观者遇到挫折或逆境就会灰心丧气、斗志消沉、不思进取、精神颓废、萎靡不振，最终一蹶不振，在逆境或挫折中愈陷愈深。从经济学的角度看，面对挫折或逆境，悲观的结果是损失进一步扩大，而乐观态度却反而令人从挫折和逆境中获益（化"挫折"为力量，愈挫愈奋），令人变得坚强和勇敢，取得事业成功，这意味着乐观积极的心态能增加人们的效用和幸福感。

第二，理性人假设中的"约束条件"前提，引导人们形成合理的目标，降低过高的欲望。马斯洛需要层次理论认为，人们的需要（欲望）是无止境的，当某一个层次的需要（欲望）获得满足时，会产生更高层次的需要，人们愿意为追求利益最大化（也可以说是为了满足更高层次的需要、欲望）而积极努力，这也是理性人假定的基本内涵。为此，人们通常会预先确定一个高于现状的目标。但是，理性人假定是指理性人追求"在特定的约束条件下"的利益最大化，因此，理性人确立目标或期望时应该立足于"特定的约束条件"，包括个体自身和外部环境条件，SWOT 分析法（基于个体自身的优势、劣势，以及环境提供的机会、威胁来确定目标）就充分遵循了这一原则。换言之，不能脱离特定的客观现实条件而确立过高的目标、好高骛远（不客气地说，这是贪婪），否则，人们将因为这些目标无法实现而徒增烦恼。然而，遗憾的是，许多人正是由于无法实现种种超出个人能力和客观条件范围的目标，而感到失望、沮丧、痛苦、烦闷。所以，贪婪者注定不幸福，要获得幸福就必须降低过高的欲望。推而广之，人们不仅不应对自己提出不切实际的期望，也不应对他人（包括家人、朋友）提出超出其能力和客观条件范围的期望，否则，不仅失望，还可能破坏和谐融洽的人际关系，形成冲突和矛盾，令自己也不愉快，最终为过高的期望付出双重代价。可见，人际交往中，如果能够充分考虑对方面临的各种"约束条件"，就会多一分理解，少一分隔阂，多一份快乐，少一分烦恼。最后，理性人假设中的"约束条件"前提还引导人们在确定目标时，不应该与他人盲目攀比。俗话说，"树林里找不出两片完全相同的树叶，人世间也找不到两个完全相同的人"。两个人在能力、专业、偏好、兴趣、身体素质、家庭背景、工作单位、收入、人脉关系等方面总会存在不同之处，所以，适合别人的成功之路和目标未必适合自己。如果忽视甚至无视其根本性差别，盲目攀比，以别人的目标为自己的目标，结果往往令人失望。在这个意义上，确定目标也应该如但丁所言——"走自己的路"，才会获得属于自己的幸福。

第三，经济学中的不确定性理念启示人们理性面对失败或可能的失败，不悔既往，不忧未来，活在当下。不确定性（Uncertainty）是指事先不能准确知道某个事件或某种决策的结果，或者说，只要事件或决策的可能结果不止一种，就会产生不确定性。在经济学中，不确定性是指对于决策和行为的未来收益和损失的分布范围和状态等结果不能确知。不确定性现象在现实生活中广泛存在，因为对

于一件重要的事情或决策结果而言，影响因素往往是多方面的，只要其中任何一个因素发生意外（例如出现不可控、不可预知的意外情形），结果就可能不如人意——遭受损失或者失败。比如投资渔场遇到洪水，投资房产遇到地震，投资教育培训遇到大范围传染性疫情……凡此种种，不一而足，正所谓"不怕一万，就怕万一"。总之，由于不确定性的存在，人们即使拼尽了努力，结果却很可能仍然功亏一篑、功败垂成、事与愿违。面对这种情形，如果不能正确面对，人们往往会感到失望、后悔、灰心、怨天尤人、烦闷、苦恼，产生负效用，其深层次的根源就在于没有正确认识到现实生活中的不确定性，而以"确定性"或"唯一性"的心态（只能成功、不能失败）面对"不确定性"或"多种可能性"。焉能不失望和后悔？相反，人们如果领会到不确定性的精髓，抱有"一颗红心，多种准备"，"做最好的打算、做最坏的准备"，就能够坦然面对失败或损失。不确定性理念还启示人们，"确定性"和"不确定性"具有天壤之别（哥伦布立鸡蛋的故事，一定程度上反映了应对事后"确定性"与事前"不确定性"情境的难易区别），评价自己或别人的决策，不应以"确定性"的事后结果为依据，"不以成败论英雄"，而应以决策当时的客观约束条件为标准。只要决策是基于"既定约束条件"下的理性选择，那么，对于不确定因素（而非个人原因）导致事后结果低于预期，也完全不必后悔或自责。何况，如果从更长的时间范围来看，塞翁失马，焉知非福。最后，不确定理念还引导人们，不必忧虑未来。忧虑与后悔一样，不仅是一种具有负效用的消极情绪，损害健康，消耗精神能量，而且无济于事（甚至成事不足、败事有余），用经济学的语言说，只有成本而无收益，诚不可取。不确定性意味着未来可能失败或遭受损失，既然考虑到了这一可能性，只需未雨绸缪、尽力避免即可，完全不必让自己陷入"想象的深渊"而不能自拔。同时，失败毕竟仅仅是可能性之一，而绝不是"确定性"的必然，事实上，人们担忧的事情绝大多数并没有发生，这一现象得到了心理学实验的验证。有一个心理学家做了一个实验：他要求一群实验者在周日的晚上，把未来7天所有烦恼的事情都记录到纸条上，然后将其投入一个大型的"烦恼箱"。到了第三周的星期日，他在实验者面前，打开这个箱子，逐一与成员核对每项"烦恼"，结果发现其中有九成他们担忧的事并没有真正发生。接着，他又要求大家把剩下的一张字条重新丢入纸箱，等过了三周，再来寻找解决的方法。结果到了那一天，他开箱后，发现那些烦恼也不再是烦恼了。所以，人们的很多担忧纯属"杞人忧天""庸人自扰"。退一万步讲，即使担忧的事情发生了（遭受挫折或失败），又有何妨？如遇此境，如前"未来指向性"所述，理性人当以"乐观积极"应对，何须忧虑？即使做不到乐观积极，退而求其次，也尽可以"既来之，则安之"，有"谋事在人、成事在天"的泰然和"不求尽如人意，但求无愧于心"的坦然，最不可取的是忧虑。总之，不确定性理念启示人们理性面对各种失败，不悔既往，不忧未来，活在当下。如此，则"心中若无烦恼事，便是人生好时节"。

可见，从理性人假设和不确定性的视角来看，经济学有助于引导人们形成理性的观念和心态，从而增加正效用，减少负效用，降低过高的欲望，提升幸福感。笔者曾经根据经济人假设，论述了经济学有利于人们形成"积极、和谐、自主、淡泊"的人生态度。实际上，认为经济学有对人生态度有重要影响的学者并非少数。例如，梁小民认为，经济学是一门使人快乐的学问，这是因为经济学本质上是一种观察与认识世界的方法，可以帮助人树立正确的人生态度。事实上，理性的观念和心态不仅"自带光芒"（本身就是一种令人愉悦的幸福感），还能促进身心健康、家庭和睦、人际关系融洽以及职业发展，换言之，其还能作为中介因素提升人们的幸福感，因此具有双重的"幸福"效应。这正是参透经济学思想精髓的经济学人为什么更容易感到幸福的内在逻辑。

当然，现实生活中不排除一些经济学人经历着烦恼和痛苦，但这并不能否定经济学具有调整心态进而增进幸福感的作用。对此现象有两种解释，一是这些经济学人并没有真正领悟经济学真谛或者未能学以致用；二是影响幸福感的因素很多，心态只是其中之一，而不是全部。经济学分析往往具有一个特点，那就是"假定其他条件相同"，本文认为，在其他条件相同的情况下，经济学人由于具有更好的心态，所以比其他人更容易感到幸福，因此，本文的结论是一种比较意义或相对意义上的结论，并非"经济学人必定幸福"的绝对性结论。毕竟，经济学人是人而不是神，也有七情六欲、喜怒哀乐。只是在经济学人的各种情感体验中，幸福感成分更多一些。

（作者为湖南师范大学教育科学学院副教授）

跨大西洋奴隶贸易

施 诚

　　"跨大西洋奴隶贸易"也叫"大西洋奴隶贸易",或被简称为"黑奴贸易"和"奴隶贸易",是指16—19世纪欧洲人从西非贩卖奴隶到美洲种植园。它是人类历史有记录以来持续时间最长、规模最大的强迫性人口迁徙,是人类历史上的一场巨大灾难。现在,曾经积极参与奴隶贸易的大西洋两岸各国都普遍承认,奴隶贸易是一种反人类罪行。例如,1999年2月,法国政府就如前述定性奴隶贸易,联合国教科文组织也支持这种看法。关于奴隶贸易,我们所知的史实或许没有它遗留的迷惑那么多。本文只简要论述"跨大西洋奴隶贸易"兴起的原因、过程、规模和后果。

一、奴隶贸易兴起的原因

　　奴隶制和奴隶买卖在人类历史上并不鲜见。例如,据现代学者估计,罗马帝国鼎盛时期,意大利有200万—300万奴隶,占其总人口35%—40%。葡萄牙人到达西非之前的6个世纪里,非洲大陆被输出的奴隶人数至少350万,甚至可能高达1000万。

　　虽然欧洲大部分地区的农奴制已经消失了,但是从1415年起,葡萄牙就在西非沿岸不断向南探索到达印度的航路。1441年,葡萄牙探险船队第一次从几内亚湾带回了10多名黑奴,这是欧洲人到非洲直接从事奴隶贩卖的开端。从此葡萄牙人每年捕获的非洲奴隶数量不断增加,到1460年,每年就有700多人。随着葡萄牙陆续发现和开发大西洋中的亚速尔、马德拉和佛得角群岛,特别是马德拉群岛和圣多美成为最理想的蔗糖产地后，越来越多的非洲奴隶被输入这些甘蔗种植园从事繁重的劳动。到 15 世纪末，仅仅马德拉群岛每年出口到欧洲的蔗糖就达 1500 吨。这些大西洋群岛上的葡萄牙甘蔗种植园是后来美洲种植园的先驱，以至研究"跨大西洋奴隶贸易"的著名学者大卫·艾提斯（David Eltis）认为，奴隶贸易的发展从大西洋东部到大西洋西部（加勒比群岛和美洲大陆），大西洋西部的奴隶贸易只是"新的规模和强度"而已。

"跨大西洋奴隶贸易"兴起的直接原因是美洲的矿山和种植园（特别是甘蔗和烟草）需要大量劳动力。但起点是 1492 年，哥伦布在西班牙资助下首航美洲成功，大西洋从地理障碍变成了欧洲与美洲之间的通衢。1500 年，葡萄牙派佩德罗·阿尔维斯·卡布拉尔（Pedro Alvares Cabral）率领船队前往印度（1497 年，葡萄牙的达·伽马已经首航印度），结果因被风吹，他的船队在巴西登陆，于是巴西成为葡萄牙的殖民地。1519—1521 年，西班牙贵族冒险家费尔南多·科尔特斯带领一支军队征服了美洲印第安人的阿兹特克帝国；1531—1533 年，西班牙流氓恶棍弗兰西斯科·皮萨罗则率领军队征服了印加帝国。到 16 世纪中期，西班牙的美洲殖民地南北长为 1 万公里，跨 67 个纬度，面积达 2500 万平方公里。

虽然哥伦布并未到达印度（但历史还是尊重了他，迄今加勒比群岛还可以被称为"西印度群岛"），但是他和其他殖民者的主要目的是一致的——控制（香料等商品）贸易、掠夺财富。正如科尔特斯所言，"我来到这里是要凭刀剑和盾牌夺取黄金，而不是像农夫那样跟着犁跑的"。16 世纪早期，西班牙殖民者主要通过征服和抢掠获得美洲金银。1521—1544 年，西班牙平均每年从美洲运回黄金 2900 公斤、白银 30700 公斤。当西班牙、葡萄牙殖民者发现美洲根本没有他们梦寐以求的香料等亚洲商品后，就强迫印第安人为他们采取当地的天然原材料，如毛皮、巴西木等，然后他们将原材料运回欧洲牟取利润。

与此同时，西班牙和葡萄牙都力图把畅销欧洲、利润丰厚的热带作物引种到美洲殖民地。1493 年，哥伦布第二次航行去美洲的时候就携带了甘蔗，但是他的目的是获得金银，所以甘蔗种植并未取得什么结果；1503 年，西班牙再次把甘蔗引入美洲，但由于当地印第安人已经受到欧洲疾病的打击而数量锐减，因此也以失败告终；1517 年，西班牙再次引种甘蔗到美洲殖民地，取得一定成效，到 1570 年，西属美洲殖民地的蔗糖年产量达到 1000 吨。从此西属加勒比群岛成

为世界最重要的蔗糖产地之一。

1500 年，葡萄牙发现巴西后，没有发现什么金银，除了对巴西木感兴趣之外，对其他兴趣不大。但是法国商人对巴西木的兴趣促使葡萄牙改变态度。1532 年，葡萄牙国王开始把巴西土地分封给国内的小贵族，鼓励他们前往殖民；1549 年，葡萄牙在萨尔瓦多建立总督府，任命了总督和一批殖民地官吏。甘蔗种植园逐渐在巴西建立，1600 年，巴西的甘蔗种植园大约 150 个；到 1630 年，则达到 300 个。巴西的蔗糖产量不断攀升：1560 年为 2000 吨，1580 年为 5000 吨，1600 年为 16000 吨，1630 年为 20000 多吨。直到 17 世纪末，巴西蔗糖年产量在 20000—30000 吨波动。

虽然在今天甘蔗是非常普通的作物，但是 17 世纪之前，欧洲的蔗糖稀少，价格昂贵，人们主要从蜂蜜和水果中获得甜味。但是随着美洲蔗糖的到来，欧洲蔗糖价格不断下降，大众也能消费。蔗糖可以给茶叶和咖啡增加甜味，蔗糖还可以被制成糖果和果酱出售。例如英国，从 17 世纪中期到 18 世纪末，蔗糖消费数量增长了 20 倍。正是欧洲人对蔗糖几乎无节制的嗜好，使甘蔗种植成为新大陆最有利可图的产业之一。从一开始，西班牙的加勒比群岛殖民地就获得了成功，生产诸如烟草、可可、棉花和靛蓝（染料）等种植园产品，但是只有甘蔗种植引入后，它们的经济才更加繁荣。与巴西一样，加勒比群岛气候温暖而且雨水充沛，是种植甘蔗的理想之地。蔗糖变成了大西洋沿岸最有价值的作物，在殖民地时期持续得到发展，在很大程度上塑造了大西洋世界的经济，特别是在加勒比群岛和巴西占据支配地位。

从 16 世纪中期起，西班牙实现了它的白银梦。1545 年，它在玻利维亚高原（当时属于秘鲁）发现了波托西特大银矿（鼎盛时期，年产白银 300 吨）；1546 年，在墨西哥城北部发现了扎卡特卡斯银矿；1550 年，在墨西哥发现了瓜纳华托银矿。葡萄牙虽然没有发现银矿，但是 1695 年在巴西米纳斯吉拉斯发现了金矿。

学术界关于美洲金银产量众说纷纭，但是大多数学者认为，1500—1800 年，美洲所产白银占同期全球白银产量的 85%，黄金占同期全球黄金产量的 71%。按照研究美洲金银产量的著名学者特帕斯克的估计，1492—1810 年，美洲生产白银 8.6 万吨、黄金 1685 吨。

矿山和种植园都是劳动密集型产业。如果要获得可观利润，甘蔗种植园的土地需要 100—150 公顷，甘蔗能长到 2 个人那么高，而且必须用大镰刀手工收割；

收割甘蔗后，需将其压碎、煮沸、结晶、清洗。解决矿山和种植园劳动力的第一种方法是实行征调印第安人劳役的制度。1600年，仅波托西银矿就有约10000名印第安人在服劳役。

但是，印第安人劳动力面临两个巨大的困难。第一，他们难以承受矿山和种植园的繁重劳动以及殖民者的虐待；第二，由于美洲大陆很早就与其他大陆分离，印第安人对欧洲殖民者带来的旧大陆大多数疾病缺乏免疫力，如天花、黑死病、麻疹、疟疾、黄热病、流行感冒等，其中天花危害最大且多次爆发，使印第安人口锐减，这就是所谓"哥伦布大交换"的后果之一。

旧大陆的疾病究竟造成多少美洲印第安人死亡呢？由于缺乏完整史料，这是一个难解之谜，此外它还涉及另一个至今争论不休的问题：1492年美洲印第安人口数。学术界关于哥伦布到达之前美洲人口的估算从840万到1亿，相差10多倍。所以有的学者认为，欧洲殖民者带来的疾病在不到2个世纪里就使美洲印第安人减少了90%：从1492年的6000万减少为600万。有的学者研究了美洲个别地区印第安人减少的情况：1519年，墨西哥中部地区的印第安人约1900万；到1605年，只剩下100万左右。

到17世纪，大多数欧洲列强都认识到，美洲没有无尽的财富，但它是一个殖民和贸易的好地方。为了加强对已有殖民地的统治（西班牙和葡萄牙），为了蚕食和争夺西班牙和葡萄牙的美洲领土以及争夺美洲商业范围（荷兰、英国、法国等），欧洲各国都积极移民美洲。1500—1800年，欧洲各国（以西班牙、葡萄牙、英国、法国为主）迁徙到美洲的人数约141万。欧洲移民分为两大类：第一类是殖民统治所需的官吏、军队、矿主和种植园主；第二类是怀着发财梦前往美洲的欧洲穷人，他们以契约奴仆的身份乘船前往美洲，完成契约规定的奴仆工作后即可获得自由。也就是说，欧洲移民不可能成为矿山和种植园的劳动力。

西班牙和葡萄牙的美洲殖民地统治面临巨大矛盾：一方面需要大量廉价（最好是无偿）劳动力，另一方面是劳动力严重短缺。其驾轻就熟地运用15世纪大西洋群岛甘蔗种植园的经验，把罪恶的眼光投向了西非：贩卖非洲奴隶到美洲种植园和矿山。历史学教授富兰克林·W.奈特说："如果没有非洲奴隶和跨大西洋奴隶贸易，美洲的潜在经济价值将永远无法实现。"

二、奴隶贸易的过程

1518 年，西班牙国王查尔斯一世颁布名为"阿森托"的特许状，允许西班牙美洲的殖民者把非洲奴隶输入加勒比群岛。学术界一般以此为欧洲各国"合法"从事"跨大西洋奴隶贸易"的起点。到 18 世纪初，欧洲人在今天加纳沿岸就建立了 25 个奴隶贸易要塞。后来，欧洲列强在西非沿岸建立的奴隶贸易小型据点不计其数。

奴隶贸易的规模一直是学术界争论不休的问题之一。1969 年，菲利普·D. 科汀出版《大西洋贸易：一项统计》。他以已经出版的二手史料为基础，估算出 1441—1866 年输入新大陆的非洲黑奴数量为 938.1 万。科汀的著作引发了学术界对奴隶贸易各种问题的大量研究，取得了瞩目的成果。

第一，学者们普遍认为科汀估算的数据太少。实际上，奴隶贸易的 300 多年里，大约有 1250 万名非洲奴隶被押上了运奴船，其中 1080 万到达美洲。最令人吃惊的是，300 多万名黑奴是在英国废奴法令颁布（1807 年）以后输往美洲的。

第二，从参与奴隶贸易的国别看，虽然西班牙和葡萄牙最早把非洲奴隶运往美洲，但是 1670 年后，英国为最大的奴隶贸易国家。英国、葡萄牙和法国的运奴船贩卖了 800 多万名非洲奴隶到美洲；荷兰贩卖奴隶约 50 万名；其余奴隶则由西班牙、瑞典、丹麦和德国等贩卖。

第三，从时间上看，1600 年前，被贩卖的非洲奴隶数量不足总数的 5%；1600—1700 年，被贩卖的非洲奴隶数量约为总数的 14%，近 3/4 的奴隶（大约 700 万人）是 1701—1810 年到达美洲的。

第四，大多数被贩卖的非洲奴隶是 15—30 岁的年轻、健康和强壮的人。大约 1/3 的被俘为奴的非洲人为女性，28% 为孩子。

第五，跨大西洋运输奴隶的"中途航行"被称为"死亡之路"。贩奴船上的卫生和饮食情况非常恶劣，生病或死亡的奴隶都被欧洲奴隶贩子抛入大西洋。几个世纪里，奴隶贸易的"中途航行"接近 4 万次；奴隶死亡率为 12%—15%，死亡人数超过 100 万。对大多数都是青壮年的非洲奴隶来说，这是很高的死亡率。

第六，与奴隶贸易有关的"三角贸易"得到了更深入的研究。所谓"三角贸易"，是指欧洲奴隶贩子从欧洲运输商品（枪支、纺织品等）到西非交换奴隶，然后将奴隶运输到美洲，再从美洲运输产品（蔗糖、烟草、咖啡、染料等）返回欧洲销售。一趟"三角贸易"一般需要耗时20个月：奴隶贩子在本国筹备船只、招募水手、采购货物需要4个月；从欧洲出发后，大约需要16个月才能回到欧洲。奴隶贸易虽然有利可图，但是平均利润率只有投资的10%左右，远不如蔗糖、纺织品、煤炭、铁贸易以及开凿运河和造船那么大，所以只有将美洲产品运输到欧洲销售才是"三角贸易"的最大利润来源。

三、奴隶贸易的后果

"跨大西洋奴隶贸易"涉及欧洲、非洲（特别是西非）和美洲，成千上万的人卷入其中。它对所涉及地区乃至全世界产生了深远的影响。

第一，非洲丧失了大量青壮年劳动力，严重影响了它的经济和社会发展。

第二，美洲由于被输入了大量外来人口，人种面貌发生了重大变化，混血种人口大量增加；由于欧洲殖民者强迫殖民地种植他们所需要的作物，所以拉美许多地区变成了单一作物产地，发展出畸形的殖民地经济，成为现代拉美"欠发达"的重要原因。

第三，欧洲殖民国家从奴隶贸易及与其相关的"三角贸易"中获得大量利益，积累了大量资本，为近代欧洲的兴起奠定了重要的经济基础。

（作者为首都师范大学历史学院教授）

赈灾问题的经济学思考

——以一次清代赈灾经历为例

梁 捷

中华大地千百年来经历了无数次灾难，旱灾、涝灾、蝗灾、瘟疫、地震、海啸，什么都有，但关于救灾、赈灾的相关记录留存却不多。其中原因不难理解。发生灾难的地方，生活困顿，人员四处流散，统计极为困难，很难有人站在相对宏观的高度对灾难本身和救灾、赈灾的过程细节加以梳理。

乾隆年间，直隶总督方观承对乾隆八年（1743）直隶地区抗旱赈灾的全过程进行了详细记录，他又参考了乾隆皇帝在前后几年中与灾难相关的谕旨，僚臣对此次赈灾的记录和奏折，以及地方抗旱救灾的具体措施等分门别类，辑录成一本小书，名为《赈纪》。

《赈纪》是中国灾荒史上非常重要的一本书，国内外很多学者已对这本书进行过研究。它不仅完整地记录了两百多年前一场区域性大旱灾的过程，也生动地揭示出勘灾、赈灾的困难所在，这些问题也是普适性的。

1743—1744 年，河北持续少雨，影响农业，逐渐引发了旱灾。政府后续对各州县的各家各户进行勘灾，陆续评定了 29 个受灾州县，其中重灾州县有河间、阜城等 16 个，偏灾州县有肃宁、宁津等 13 个，重灾州县受灾土地面积要超过七成。后续赈灾过程中，总共赈济了 29 个受灾州县、66 万户家庭，共202 万口人。29 个受灾州县在赈灾中总共收到赈银 87 万 5000 余两，赈粮 109 万 6000 余石。

这一次的赈灾时间长、范围广、涉及人口众多，其中包含众多精心设计的实践细节。赈灾可以分成三个主要阶段——统计、规划和实施，下面就对这三个阶段分别加以讨论。

一、事前的核赈

救灾的第一步工作是了解灾情，又叫"核赈"。核赈可以分为两个方面，一方面是勘田亩，就是对田地进行实地考察，勘查农田的受灾成分，最终综合一个州县的农田受灾比例，对该州县进行重灾、偏灾、不成灾的官方界定；另一方面是核户口，要对各家各户实际人口进行重新登记。清代缺乏即时的人口信息统计，灾前的资料早已过时，灾后应根据实际受灾情况登记户口，根据实际人数施赈，杜绝遗滥。结合核赈的两方面，政府才能最终判定此次赈灾每户可得赈济钱粮的具体数目。

核赈的过程中涌现出大量问题。比如灾民对于受灾土地都有多报的倾向，而调查官员难以一一巡查。尤其根据规定，"五分灾"与"六分灾"是决定性门槛，五分灾不赈，六分灾必赈，所以乡民都要把五分灾的土地报成六分灾。

乡民们也有自己的顾虑。一时勘定的田亩受灾程度，并不能体现灾情的动态变化。旱灾因缺乏降水积累而成，大家并不知道接下来会何时降雨。如果进一步持续干旱，仍不下雨，那么几个月内，一亩地就会由五分灾变成七分灾甚至十分灾。而勘灾官员不可能时时前来勘定，一次性判断其为六分灾那就是六分灾。所以乡民强烈希望勘灾官员把灾难程度往上调整。

在这个环节上，地方政府表现出一定的弹性。地方政府对五分灾的村子进行抽赈，就是随机抽取一些村子加以赈济，表示安抚。因为这些村子虽然被定位为不予赈灾，但实际情况可能与六分灾的村子相差无几，抽取其中一些村子加以赈济，也能平息民间的议论。

后来乾隆皇帝对核赈工作给予更明确的指示。对待五六分的灾情，宁可报重，不可报轻。因为将五分误报为六分，可以在核户口也就是核查时适当进行调整，减少赈济或者不予赈济；可如果是将六分误报为五分，那么官员就不会进行核户，也就没有补救的机会了。

"核户口"的过程中暴露出更多的问题。上级派来的核户口人手一般总是不足，而且政府委派的专员对灾区户口情况不甚了解，开展工作较为困难。这个时候，委派专员就不得不假手于当地胥役。问题在于，当地胥役的品性素质良莠不

齐，很多人往往德行不高，会乘机舞弊，肆意操纵，不仅捏造数据，更是会中饱私囊。

从上往下看，委派专员办赈调查时可能缺乏责任心，或遗或滥；本地胥役可能与乡民串通并捏造户口，争取获得更多赈济；本地乡民也未必都是良善之人。有一些不应赈的居民，试图冒充求赈或煽动居民阻挠委派专员或本地胥役入户，使得上峰无法获知准确的户口状况，从而影响赈灾决策。

通过这场赈灾，核赈官员的委派和监督机制逐渐形成规范。少部分官员是由督抚直接委派的，称为"厅印"。厅印官数量有限，州县官根据实际需要，向知府申请委派相应"协办官"，称作"佐杂"。厅印与佐杂需要分头核户，在赈票上盖好本州县印章并加上委员号记，由此可以知道由谁负责审核。道府等上级官员还需要不时巡历，抽查赈票。这样的相互监督，可以有效减少舞弊情况的发生。在初始核赈时，委派官员利用不少本地胥役入户调查；但发现舞弊情况后，上峰就规定本地胥役只能誊写灾册，入户事宜必须由核赈官员自行完成。核赈官员的业绩目标也变得明确起来，那就是"不遗不滥"。退一步，如果实在难以调查清楚，那么目标也应该调整为宁滥不遗。

面对灾民的舞弊，上峰也制定了相应的惩罚措施。一旦发现虚报，除了不准给赈外，还要将乡保游街示众。而在惩罚措施出台以前所查的户口，难保没有作弊的。于是上峰就派委员分赴各处，告示灾民，欢迎自首，也欢迎相互举报揭发。据头自首者无罪，若仍旧藏匿不自首，一经查出，必定严惩。

核赈持续很长时间，所以核赈的次序很重要，必须以灾重地区为先。全省先查受灾最严重的州县，全州县又必须先核查受灾最重的村庄。受灾最严重地区人民很有可能根本支撑不到政府施赈，要么饿毙，要么成为流民。所以政策上允许州县官在查赈时先行赈济，先化解人民的生存危机，在后续施赈时再予以调整。

在核赈过程中，核赈的一些技术标准逐渐确定。比如官员要挨户清查，分清极贫、次贫，点明男女大小口数，都要载于赈册。此外还要在每一户门墙上标明户名口数，便于百姓相互监督。对于极贫户，还有老病孤寡无所依者，也需要在赈册中详细标注，便于后续优先赈济。

二、施赈的规划

核赈之后就是施赈。从施赈方案来看，施赈可分为普赈、续赈、加赈、摘赈、抽赈、展赈等多种类别，其中普赈、续赈、加赈这几类是最主要的赈济，其他手段都是在这些赈济之外根据特殊需要小规模地加以补充。

1743 年的 8 月，乾隆下令根据核赈情况举行一次普赈。这次普赈不分家庭经济水平，不论土地受灾程度，全都予以一例赈济。到了 9 月份，再进行第二轮的赈济，叫做续赈。续赈不再是普赈，而是对孤寡、老病残疾等不能生产和自我照顾者予以赈济，按日给赈，灾情缓解后随时可以停赈。续赈后来延续了两个月。

到了这一年的 11 月，灾情仍然严重，于是进入施赈的下一个阶段，被称为加赈。加赈也不是普赈，而是根据土地受灾程度确定加赈月份，土地受灾越严重，加赈时间越长，所以最严重的灾县总共加赈了五个月。赈济计划原本到年底就基本停止。但是皇帝考虑到农民最早的农业收获是第二年的夏麦，从过年到夏天还有半年的时间，此期间口粮仍没有着落，所以第二年夏天之前也要看情况延续赈期，又称为展赈。

到了来年（1744 年）春季，雨水迟迟不降，河北收成不见好转，皇帝又开始担心。事实上，这一年夏麦后来确实失收，秋收又要再等上半年。皇帝在 2 月下旬和 4 月上旬分别下旨，传令河北办赈人员在原本赈济计划的基础上对灾重的 16 个州县再一次加赈两个月，其他受灾稍轻的县依次递减。

施赈的主要形式是发放钱粮，但当时的条件不可能做到送钱粮入户，必须要设厂，由农户自行前往领取。既然设厂赈济，施赈之前就必须精心选好厂址，定好开赈时间。两百多年前的交通状况和信息传递手段都远非今天能比，选址不当就会极大增加百姓领赈的困难。方观承在《赈纪》里总结，"道里不均，有往返之劳"，"时日不定，有守候之苦"。所以设厂的地址、开赈的时间，都是施赈中最为核心的问题。

根据规定，每个州县应该设置五厂：其中州县在本城内设置一厂，然后在东南西北四个方向选择适中的地方设厂，总共五厂。设厂选址的标准是使得灾民可以于一天之内在家乡和赈厂之间往返。假如有些乡距离各厂仍然太远，那么需要为他们单独设厂。因为施赈可能持续到冬天，天寒日短，太阳很快就下山了。领

赈灾民在天黑前不能返回家中，中途也无处栖身，就会增加很多意外风险。地方官员不应吝惜费用，要为这些偏远乡村多设一两家厂，给予灾民便利。

施赈时间也是一个需要考虑的问题。领赈灾民众多，不太可能在一两天内完成领赈。所以地方办赈人员会在放赈前的几天就把清单分配到厂，由每个厂根据道里远近、人户多少来规划，分成数日，协调各个村庄灾民前去有序领赈。除此之外，施赈全过程也都必须要有监赈官监督。监赈官务必在放赈前夕就赴厂住宿，及早安排放赈，不得借口各种理由拖延。

确定好厂址与散赈时间，官府就派人在各乡各村张贴公告，告知灾民，要求灾民尽可能按照计划领赈。其中尤其注明，老病孤寡、家无男丁者，若自行领赈不便，可以要求同村亲族、两边邻居一同担保，然后指定他人代为领赈。为了防止灾民不识字而错过领赈，官府还要命人四处宣导传话，让施赈消息变得人所共知。

施赈伊始已定下方案，施赈将会粮银并赈，半粮半银，有粮就赈粮，无粮就赈银钱，让老百姓自己前去购粮。但粮价一直波动，灾情期间尤其上涨厉害，赈的银钱太少就可能不足以购买粮食，还是会出现粮食危机。官府最终决定根据乾隆三年粮价较高时期的米价制定标准赈银。当时的米价是制钱一百三十文，折合白银一钱五分，折合白米一斗。这就是官方制定的施赈标准。普赈按月发放，一个月按照三十天来计算。所以赈米时，成年人就按照米七升五合的标准发放；赈银时，成年人按照白银　钱　分二厘五毫发放，未成年人各减半。

在具体实施时，施赈人员还可能利用不标准的小斗容器发放赈粮，借机克扣。为防止这种弊端，各州县专门打造出七升五合和三升七合五勺容量的标准木筒，筒面扣铁，以防削减。事先告知灾民所有赈济的标准，可以让灾民同时监督施赈者的行为。

临近施赈时，要选择高大宽敞的庙宇闲房作为赈厂，提前将米谷分别屯好。印官领到较大重量库银之后，预先熔剪成小块碎银，按赈册记录统计每户大小口应赈银数，预制小袋，足额包封，小袋上写户名和银数。每户一小袋，每村庄一总包。放赈前，每个赈厂挑选一位佐杂驻厂监赈，监督、约束放赈人员，防止放赈人员私卖赈粮、抽换银封。监赈官需要提前入厂，仔细检查量米筒是否精准规范。

三、施赈的操作

到了施赈这一天，在厂门附近围起长绳，赈户以村为单位排在长绳之外，按照村子距离的远近依次放赈，远者先赈，近者后赈，便于大家返回村庄。一个村庄之内，则按照赈册户口顺序放赈。可以酌情考虑先女后男，先老弱后少壮，依次领赈。

贫民入厂后，依票领米，领完之后再发竹筹一支，然后再缴筹领银，防止重复和遗漏。量米员发赈的同时，书役需要在赈册上做标记。书役事先按所赈月份制作一个小戳记，领完一月米后就在赈册上印上当月戳记，将停赈之月在票上划去。对于有续赈需求的贫困户，赈册上也要注明，核算总共多少日，应得银米多少数。

赈的是银，可市面上的米面都以铜钱计量。赈厂明白老百姓兑换银钱的需求，所以事先就通知那些经营兑换的钱市人员共同参与。赈厂允许钱市之人在赈厂就地设市，当场兑换银钱。官府发放赈银都是库平规格，标准一致，汇率一致，可以免除额外计算升水贴水的困扰。

贫民领银后，很多人就直接在赈厂门口兑换铜钱。钱市只需要看看小袋封面上标注的银数，就可以按照当时库平银钱汇率的比价给予兑换，甚至不需要开封称量。等到一天施赈结束，政府还愿意回收。钱市人员按封袋数量统计当天所换的赈银总数，将封银原封不动上缴政府，政府则如数拨给钱市人员完整库银。

这样一来，刚缴回的碎银得到回收。如果封袋未经拆封，就可以直接重复用于下一厂或下一轮赈济，完全不用重新熔剪银两，省下很多的精力。很多时候，下一个赈厂就直接在原封上改写村庄户名，甚至有些银封小袋还在全省流通，多次使用。大家对库银非常信任，不会产生信用问题。清代的银钱二元货币体制保证了经济的总体稳定，但在实践中有很多不便，施赈则把这些细节都考虑在内了。

当然政府也清楚，官方施赈不一定及时，而且总有缺漏，难以完善。如果官方施赈做不到位，就可能导致大量流民外出乞食，产生严重的社会后果。所以除了官方施赈外，政府一直鼓励受灾地区本地的富足绅民参与赈济。民间参与赈济

的方式可以多种多样，例如将多余粮食减价平粜出售，例如与政府一样针对贫民直接施赈，或是设厂煮粥赈济，或是捐制棉衣以供保暖。所有形式都在鼓励范畴之内。

当然施赈是一系列行为事件，灾民总会有令人意想不到的行为举措。政府制定了大量操作细节，有效应对灾民的各种反应，最终有效地平息了这场灾荒。《赈纪》中对此不厌其烦地做了记载和讨论，充满经济学的洞见，置于今天也有很强的现实意义。

（作者为上海财经大学中国经济思想发展研究院讲师）

"没有粪便就没有中国的今天"

曾雄生

世界各国的农业发展都曾经或者正在面临着地力衰竭的困扰。在西方，罗马时期一些管理较好的奴隶制大地产确曾施用过肥料来提高生产，但进入中世纪以后却只采用休闲或放牧方式来恢复地力。11 世纪之后施肥在部分庄园得到恢复，但是到了 18 世纪以后才较为普遍。

与地力衰竭相关的另一个问题是：人类如何处理自身生活所形成的垃圾和废弃物？垃圾和废弃物是人类的生活与生俱来的，它和人类文明息息相关。有一种观点认为，农业的最初起源地便是人类生活的垃圾堆，或者说农业的发明受到了垃圾堆的启发。这便是农业起源的垃圾堆假说。但在很长时间里，人们对垃圾并没有一个很好的处理办法，垃圾成为人类生活的负担。特别是随着城市和近代工业发展以及人口的聚集，积存的垃圾和粪便也随之加多，如不能很好地对其加以利用，则会产生严重的环境卫生问题。1909 年，英国传教士麦高温在《中国人生活的明与暗》一书中写道：粪便带来了两方面的问题，一是造成环境污染，二是带来了处理粪便所需的财政开支。这两个问题都是致命的，以致要设计出一种复杂而完美的机器来对粪便进行收集。

但是，在中国历史上，似乎并没有出现过严重的地力衰竭和废弃物及垃圾粪便等引发的环境卫生问题。这很大程度上与中国人对垃圾粪便的成功处理和利用有关。马克思说过：消费排泄物对农业来说最为重要，在利用这种排泄物方面，资本主义经济浪费很大。但在小规模的园艺式农业中，例如在伦巴第，在中国南部，在日本，也有过这种巨大节约。

汉字中，"粪"的本义是废弃物，但人们似乎很早就将这种废弃物充当肥料来维持并增进地力。战国时期，形成"多粪肥田，是农夫众庶之事"（《荀子·富国篇》）的观念。这种观念深入人心，以致人们把个人的内心修养也称为"粪心"。人们总是想方设法扩大肥料的来源。宋人朱熹在江西见有所谓"粪车"者。粪车是农民拣拾粪便的一种工具。《王祯农书》载："凡农圃之家欲要计置粪壤，须用一人一牛或驴，驾双轮小车一辆，诸处搬运积粪，月日既久，积少成多，施之种艺，稼穑倍收，桑果愈茂，岁有增羡，此肥稼之计也。"城市生活垃圾和粪便也成为抢手货，被源源不断地送往农村。在南宋都城杭州，垃圾粪土成了可以买卖的杂货之一。据宋代吴自牧《梦粱录》的记载，每天都会有人讨要居民家里的泔浆。杭州城里人口众多，小户人家大多没有茅坑厕所，只用马桶，每天都会有出粪人过来倒，做这行的还有一个专门的名字，叫"倾脚头"，每个"倾脚头"都有自己的主顾，不会互相争抢；发生争抢时，粪主必然和他发生争执，甚至不惜大打官司，直到胜诉才肯罢休。杭州附近的"衢婺之人，收蓄粪壤，家家山积，市井之间，扫拾无遗"。粪肥交易日益多起来，甚至有了专门从事收购城市粪便卖给乡下当肥料的行业——"壅业"。嘉庆时期，苏州城曾出现"城中河道逼仄，粪船拥挤"的景象。在老北京的三百六十行中就有"大粪厂"这样一个行当。齐如山在《北京三百六十行》中对这一行是这样记载的：每日派人背一木桶收取各住户、铺户之粪，用小车将其运回，再将其晒干卖为肥料。事虽简单，而行道极大，行规也很严，某厂收取某胡同之粪，各有道路，不得侵越。如不欲接作时，可将该道路卖出，亦曰出倒。接作者须花钱若干，方能买得收取权，如今尚仍如此。

明清时期，来到中国的外国人对中国人买卖粪便有着深刻的印象。葡萄牙人加里奥特·佩雷拉在他的著作《关于中国的一些情况：1553—1563》中提及：这儿的人粪也值钱，我们以为那是缺少牲畜的缘故，其实不然，因为全中国都在利用这种东西。男子们在街上捡粪，如果他人愿意，就用蔬菜或柴作交换购粪。从保持城市良好卫生来说，这是一个好习惯，城市极其干净，因为没有这些脏东西。

1569年，葡萄牙传教士加斯帕尔·达·克鲁斯所著《中国情况介绍》提到中国的人粪利用情况：当地东西，不论是什么，再不值钱，也不扔掉。……甚至人粪也得到利用，需要用钱购买，或用蔬菜交换，并且购粪者要上门淘粪。他们要付钱或付相等价值的东西，对方才允许他们打扫厕所，当他们背着粪把它从城里带走时，一路上气味难闻。为了减少臭味，他们把粪桶的外面打扫得很干净。有些城市里用有盖的桶装粪，以免臭味外溢。这些粪被用来浇菜园，他们说施了这种粪以后，眼见着蔬菜往上长。他们把粪和土混在一起，放在太阳底下发酵，就这样利用人粪。

1580 年，葡萄牙人费尔南·门德斯·平托的《游记》记载了他在中国的见闻，他看到有许多人在买卖人粪。在他们眼中，人粪并非一种坏的商品，所以许多有声望的富商亦参与其中。人粪适合于浇在再次进入休耕期的秧苗地上，因为他们认为它比通常使用的粪肥更好。欲购者走在街上，边走边敲击一块木板，其状犹如沿街乞讨。他们以此方式表明自己欲购何物，因为他们也承认所购之物的名称十分不雅，在大街上高声叫卖委实不妥。这种交易如此兴隆，以至有时在某个海港会看到有两三百条船入港装粪，犹如中国海港的轮船装运食盐。根据各地的需求，往往还要市场监察府进行分配才行。对于秧苗来说，人粪是上等肥料，中国的这一地区庄稼一年三熟，需要充足的肥料。

1793 年，来华的著名英国马嘎尔尼使团的成员斯丹东在他的访华见闻录里吃惊地写道：中国人非常注意积肥。大批无力做其他劳动的老人、妇女和小孩，身后背一个筐，手里拿一个木耙，到街上和河岸两边，到处寻找可以做肥料的垃圾废物。

麦都思在《中国：目前的状况和未来的前途》中写道：几乎适于垦殖的土地都得到充分利用，对贫瘠的土地就上粪以提高产量。几乎每位在田间相遇的人都提着一只篮子，拿着粪耙子沿途拾粪，然后提回来，倒在村口的粪堆上发酵备用。

富兰克林·金在《四千年的农夫》中也写道：中国人总是沿着乡间小路或者公路搜寻动物的粪便，当我们走在城市的大街上时，也经常看到有人迅速地将地上的粪便捡起，然后将它们小心地埋在地下，尽量避免透水以及发酵而造成的养分损失。

一百多年前，俄国驻华外交官马克戈万写道：中国农民能在十分贫瘠的土地上年复一年地栽种出好庄稼来，十分关键的因素就是施用了人粪。……可以说没有粪便作肥料，就没有中国农民的粮食大丰收。可见人的粪便对中国的农民来说该有多么重要。

1909 年，英国传教士麦高温在《中国人生活的明与暗》一书中写道：什么

东西最好，同时又是最经济实用的呢？这是中国人在很久以前就开始讨论的问题，这种东西就是粪便，古人们认为它是任何别的东西都无法比拟的好东西。后代们也赞同祖先的观点，所以，直至今天，粪便仍然是农民所用的肥料中最好的，因为它既物美又价廉。没有粪便就没有中国的今天，这一点是无庸置疑的，在贫困地区，土地相对贫瘠和低产，如果没有粪便，许多地方就会荒芜；许多家庭培养出了优秀的儿子，他们成了这个国家的卓越人士。

麦高温详细地描述了中国城市中粪便交易的情况：在城市里，有相当数量的贫苦人是靠捡拾粪便维生的。官方没有采取任何措施来解决城市的卫生问题。他们将这件重要的事务交由民间去做，处理污物这个行业能够带来可观的收益，这对那些有能力胜任此项工作的私人企业具有相当的吸引力。事实上，拥有足够资本的人都会向这个行业投资，因为它确确实实是一个很赚钱的行当。除此之外，每天早晨还有人专门走街串户地去收购粪便。不管人们怎样看待，这种工作并没有什么不光彩的。粪便交易是在公开场合下进行的。居民们也能够容忍那时时传入耳鼓的讨价声。随后，他们将收购来的粪便转运到一个中心厕所贮存起来，再定期将其运走。农民们每月从郊区驾船进城一次，他们在方便的地方停泊，再将粪便运到庄稼地里。这项工作是在一天中最热闹的时候进行的，街上人群拥挤，买卖也进行得热火朝天。那些收粪人带着敞开盖子的便桶在窄窄的街道上乱窜，仿佛这街就成了他们自己的，整条街都听得见这些人叫喝的声音，他们还威胁说如果谁要不躲开就把他撞倒。这样的威胁很有效，拥挤的人群很快就散开了，人们一声不吭地站在街两旁，目视着这帮收粪人快速地从自己身边跑过。就内地城市而言，农民或是他们的妻儿每天都要进城将粪便运回到地里。有一座我十分熟悉的拥有十万人口的城市。一天，我正在城郊散步，迎面走来一长队妇女，其中有几位还相当年轻。她们看起来十分轻松快活，而且身体强壮、精神饱满，一路上都撒下了她们的欢声笑语。见到这样多的妇女都露出欢快的笑脸，实在是太让我舒心了。她们就像是一群轻轻松松出来度假的女学生。每位妇女的左肩上都挑着两只桶，里面装着从城里购得的粪便。这些人看上去都是些农家女，她们与自己的丈夫或父亲一样对农活了如指掌。事实上，我在询问之后才知道，她们的丈夫都想法子出去挣钱了，而将地里的庄稼活留给她们去照管。面对如此沉重的农活，她们并不觉得苦恼。

粪便并不是唯一的肥料，"虽然粪便是农村中广泛使用的肥料，但除此之外，豆饼和骨头，因其肥效良好及价格低廉，也是中国人喜欢使用的两种肥料"。实际上，中国农民使用的肥料多种多样，麦高温的同乡阿绮波德·立德在四川时就看到"猪圈通常与茅厕盖在一起，外表很不错，内部也刷得很好，这是本地肥料的唯一来源"。"早饭后，村里的男人们开始挑一种液体肥料。这种肥料与固体肥料一样对农业收成至关重要，农民们买两桶这样的肥料要花四分之一个银圆。我实在难以忍受这种肥料发出的气味，转身进屋。""9 月 22 日……乡间到处都在烧火，农民们把土和干草混合在一起，让火慢慢地烘干它们。"

广辟肥源，多粪肥田是培养并增进地力，保持农业稳产、高产的关键。中国历史上出现了多种积肥、造肥的方法，其中包括苗粪（绿肥）、草粪（野生绿肥）、火粪（焦泥灰）、泥粪（塘泥）之类。绿肥的主要种类有紫云英、苕子、黄花苜蓿、肥田萝卜、各种豆科作物、浮萍、水浮莲等。把用地和养地结合起来，使地力经常保持新壮，是中国传统农业的一个突出成就。美国农学家金经过调查，认为中国所取得的"非凡的农业实践成就"，都可归因于普遍地保存和利用人类通常遗弃的一切垃圾和废物。曾在中国居住过的德国农学家瓦格纳根据亲身见闻，说："在中国人口稠密和千百年来耕种的地带，一直到现在未呈现土地疲敝的现象，这要归功于他们的农民细心施肥这一点。丝毫没有疑义，中国农民除了在自己的家园中极小心地收集一切废料残渣并收买城市中的肥料，又不辞劳苦去收集使用一切发臭的资料。在一千年和一千年以前，他们的先人已经知道这些东西具有肥料的力量。"

中国人的实践具有永恒的魅力，中国传统的堆肥（草塘泥）、绿萍等技术，曾经由联合国粮食及农业组织向第三世界推荐。这是对中国传统肥料技术的肯定。尤其是在环境日益恶化的今天，城市生活垃圾的无害化利用，更加值得学习。这不仅扩大了肥料的来源，也解决了城市环境卫生问题，变废为宝，实现了城乡的良性循环。法国人昂布鲁瓦兹·郎迪认为使用粪肥、变废为宝是中国人的生态革命，中国人在这方面表现得最为精明，他们根据传统的习惯和义务，推行着实用生态学的原则之一——使一切增值，同时使一切再循环。

（作者为中国科学院自然科学史研究所研究员）

道是"忧郁"却惊奇

——为经济学大师立传的新发现

马传景

两年前，薛晓源博士提出，为了表达对已故大经济学家的尊敬和纪念，也为了吸引更多年轻人学习经济学，热爱经济学，成为经济学家，他来画像，我来作传，我们合作做了一本《大经济学家——世界 100 位著名经济学家画传》。现在这件事完成了，该书由商务印书馆出版。

为 100 位中外大经济学家作传，无异于写一部经济学简史。我本以为这是一项沉闷的工程，类似于考古发掘，实际上这是一个不断发现宝藏、遇到惊喜的过程；一直被我视为畏途的经济学发展史，原来充满了引人入胜的故事和鲜活有趣的线索，整个写作过程颇有点"当时只记入山深，青溪几度到云林"的暗喜和心照不宣。

天差地别的人生际遇

梳理经济学说史可以发现，不仅每个经济学家的理论都是一座尚待挖掘的宝库，他们天上地下的人生际遇，也着实令人兴叹：有的玉堂金马、钟鸣鼎食，有的则饥寒交迫、穷困而死；有的极尽荣耀、名垂后世，有的则闾巷埋名、不知去向。

英国大经济学家凯恩斯，立功立言、学问事功、风光无限。他创立的宏观经济学与弗洛伊德建立的精神分析法、爱因斯坦发现的相对论，被称为 20 世纪人类知识界的三大革命。从 20 世纪 30 年代以来，凯恩斯主义对经济学发展和现实经济生活一直有着重大影响。他是 1919 年巴黎和会英国财政部的首席代表。1944 年,率英国政府代表团参加布雷顿森林会议,参与筹划建立战后国际货币体系,并在两年后出任世界银行首任行长。凯恩斯长期担任《经济学杂志》主编、英国皇家经济学会会长,1929 年被选为英国皇家科学院院士,1942 年被封为勋爵。凯恩斯不仅是经济学家和政府高官,还是银行家、艺术品收藏家,出任过多家大公司董事。

历史上的经济学家中,既有像凯恩斯这样的幸运儿,也有不少命运的弃儿。

在德国经济学家李斯特身后,德国历史学派崛起了。这个学派主宰德国经济学界长达半个世纪,并顽强地与英国古典政治经济学抗衡。作为这个学派的先驱,李斯特的一生坎坷失意。他曾被剥夺大学教授教职,一次被德国政府判处监禁而仓皇出逃,一次因卷入财务丑闻被德国政府驱逐出境。他本意是提出一些经济改革措施,却屡屡因此获罪。他经营农场和投资血本无归,以致终生穷困潦倒。他从事科学工作则一事无成。从事新闻舆论工作,往往被同道误解,被政府迫害。1846 年 11 月 30 日,在德国库夫施泰因小镇,晚年的李斯特由于政治失意、疾病缠身、穷困潦倒,对准自己的脑袋扣动了手枪扳机,自杀身亡,享年57 岁。

然而,李斯特的同胞艾哈德,无论是作为政治家,还是作为经济学家,都获得了极大成功与声望。艾哈德被称为"社会市场经济"之父,弗莱堡学派的重要代表人物,还在长达 20 年的时间里,历任联邦德国政府经济部长、副总理、总理,组织和领导了整个联邦德国经济的恢复和发展,在短短的 10 年时间内就使联邦德国重新成为世界经济强国,他因此成了联邦德国"经济奇迹"的缔造者,并与阿登纳总统一起被称为"德国复兴之父"。艾哈德 81 岁时辞世,联邦德国为他举行了国葬。

几位出生于俄国的经济学家的不同际遇,特别令人感慨兴叹。康德拉季耶夫是经济长波理论的创立者,库兹涅茨是经济统计分析的先驱,里昂惕夫则发明了著名的投入产出研究方法。他们因为各自的理论贡献,成为世界级经济学家。库兹涅茨和里昂惕夫选择了移居欧洲、美国,先后在世界著名大学任教,在美国政府担任重要职务,分别获得诺贝尔经济学奖,享有无上的荣耀。康德拉季耶夫是20 世纪 20 年代俄国著名经济学家和统计学家,先后在克伦斯基临时政府任粮食部副部长,担任苏联重要经济研究机构负责人,协助制订了苏联第一个五年经济

计划。他虽然基本赞成斯大林的经济政策，但反对农业全盘集体化，并批评后来实行的片面重视工业发展而忽视农业发展的政策。1928 年，他被解除职务，两年后被逮捕。1931 年，他受审，被判 8 年徒刑。1938 年重审，改判死刑，他被流放到西伯利亚。像他那一代俄国知识分子一样，康德拉季耶夫死亡的地点不详、日期不详，怎样死的不详，就那样"人间蒸发"了……

经济学家是否理所当然地应该成为富人？这真是一个尴尬的问题。的确，历史上是经济学家也是巨富的不乏其人。配第年轻时在爱尔兰担任土地勘测员，几年内就成为拥有 5 万英亩土地的大地主，晚年则成为拥有 27 万英亩土地的大富翁。李嘉图 25 岁时就成为百万富翁，去世前身家相当于现在的 7500 万英镑。萨缪尔森和弗里德曼等一些经济学家早年成名，因出版著作，为报刊撰写专栏，"数钱数到手发软"。

然而，也有的经济学家一生穷困潦倒，"短褐穿结、箪瓢屡空"。蒲鲁东创办"人民银行"，两个月后即关张。后因发表诋毁政府的言论，他被判 3 年监禁。他出狱后被迫流亡，最后穷困而死。马克思在伦敦的流亡岁月中，唯一的收入来源是为《纽约每日论坛报》撰稿，经济上处于极度贫困和精神极端痛苦之中，他的 7 个孩子中只有 3 个女儿活了下来。他曾对女婿法拉格说："《资本论》的稿费甚至不够付我写作时抽掉的雪茄钱。"马克思主要靠变卖家具、首饰，继承遗产，接受捐赠和恩格斯的无私资助维持生活。

被埋没的经济学大师

经济学家成名，有几个必备条件：在合适的地点、合适的时间，用合适的语言发表作品。然而，并非所有的经济学家都这样幸运。

学术上的话语权和影响力，与国家的实力和影响密切相关，占主流地位的经济学说实际上需要国家地位的加持。在西方历史上，整个 17 世纪和 18 世纪的大部分时间，是法国的世纪；18 世纪早中期到 20 世纪前半叶是英国的世纪；20 世纪后半叶以后，美国成为霸主。因此，魁奈的重农主义经济学说成为 18 世纪前半期流行的经济理论。18 世纪中后期以后的很长一个时期，著名经济学家多出自英国，如亚当·斯密、大卫·李嘉图、小穆勒、马歇尔、凯恩斯等。20 世纪后半叶以来，享誉世界的经济学大家多出自美国。而屠能、戈森、微克塞尔、明塞尔、卡莱茨基等一批经济学家虽然对经济学发展做出了重大贡献，但因为不是来自英美国家，而是其他国家的移民，或是用德语、法语出版著作，或是理论过于领先于时代，他们的理论有的在死后多年才被发现，有的贡献被忽视或抹杀，发明权全部归功于另外的经济学家。

卡莱茨基是波兰经济学家，早在1933年，卡莱茨基就创立了资本主义的动态经济学，建立了反危机和实现充分就业的理论体系。他先于凯恩斯《通论》（1936年）3年提出了凯恩斯理论的基本内容，但是，直到逝世后，人们才认识到卡莱茨基经济理论的价值。凯恩斯从来没有承认过他提出的宏观经济理论与卡莱茨基的工作有任何关系。据说，在琼·罗宾逊夫人引见下，他们二人曾经见过一面。凯恩斯对卡莱茨基非常冷淡，卡莱茨基出于尊严也没有提起自己的经济学发现。随着时间的流逝，越来越多的经济学家肯定了卡莱茨基的贡献。

大约在20世纪初，瑞典经济学家微克塞尔就对经济学做出了划时代的贡献。他打通了价格和货币理论长期分离的状态，建立了统一的货币价格理论，用以分析经济周期；他关于公共物品的研究，成为后来公共选择学派的理论渊源；他提出的克服宏观周期波动的经济理论和经济政策主张，也是凯恩斯主义的先驱。但是，由于微克塞尔地处偏僻的北欧，他的经济理论长期没有受到重视。直到他逝世后许多年，哈耶克等经济学家才肯定了他的理论是了不起的贡献。对于微克塞尔的经济理论贡献没有得到充分承认，他的一众弟子始终耿耿于怀。瑞典经济学家、诺贝尔经济学奖获得者缪达尔就说过：凯恩斯革命只是一种盎格鲁—萨克森现象，对于在微克塞尔传统下成长起来的我辈瑞典学者而言，凯恩斯的著作无论如何不能算是革命性突破。

君子好辩：经济学说史上的大论战

君子处世，"岂好辩哉？不得已也"。与其他领域的学者相比，经济学家似乎尤其好辩。一部经济学说史贯穿着各种论战。既有不同学派之间的论战，也有同一学派内部的论战；既有社会主义经济学与资产阶级经济学之间的论战，也有马克思主义经济学家、资产阶级经济学家内部的论争；既有针锋相对的观点之间的论战，也有非常相近的观点之间的论战；既有颇具理论意义而促进了经济科学

发展的有益论战，也有意气用事而损害了经济学声誉的无谓论战。在某种程度上，经济学说史就是各学派之间的论战史。

经济学说史上重要的论战有重农学派与重商学派的论战，德国历史学派与英国古典学派之间的论战，"两个剑桥之争"，芝加哥学派与奥地利学派之争，凯恩斯学派与货币学派之间的论战，20世纪30年代社会主义与资本主义两大阵营的论战，等等。

在大经济学家中，哈耶克可谓一生好辩，挑起或参与了经济学说史上的两次大论战。他因为这两次论战而声名鹊起，职业生涯也因为这两次论战而黯淡。20世纪30年代初，欧美国家正陷入席卷全球的经济萧条。凯恩斯出版了两大卷的《货币论》，提出政府要干预利率，增加货币供应和财政支出，以刺激投资和消费，扩大就业，使经济走向复苏。当时刚到伦敦经济学院任教的哈耶克，在校刊上发表文章，激烈抨击凯恩斯的经济理论和经济政策。他指出正是政府干预了利率，放宽了货币供应，扭曲了资源配置，导致了危机。现在凯恩斯提出进一步干预利率，增加货币供应，是用错误校正错误。凯恩斯看到哈耶克这篇长达26页的书评后，十分生气，发表文章予以回应，措辞也很不客气。哈耶克和凯恩斯的文章发表后，两个阵营的经济学家纷纷加入战团，进行了一场旷日持久的论战。由于凯恩斯当时正如日中天，哈耶克比他小了16岁，只是一个无名小辈，大洋彼岸的美国也实行了"罗斯福新政"——实质是凯恩斯的政策主张，这场论战以凯恩斯完胜而结束。

哈耶克加入的第二场论战是1933—1936年奥地利学派和社会主义阵营关于计划经济的论战。这次哈耶克的老师米塞斯是主将，哈耶克是"助攻"。他们认为，在高度发达的现代经济体系中，生产和消费活动十分复杂，计划部门不可能掌握全部必要的信息，集中决策必然是低效、错误的，只能实行分散决策。这种论证本身就为计划经济留下了"后门"。如果中央计划部门具备了足够强大的收集和处理信息能力，实行计划经济就有了可能性和合理性。社会主义阵营的主将奥斯卡·兰格就提出了"计算机社会主义"，与奥地利学派对抗。由于奥地利学派理论本身的不周延和当时苏联、东欧国家经济发展情况蒸蒸日上，与资本主义世界的情况形成了对比，这次论战中计划经济的主张实际上是占了上风的。

两次论战后，哈耶克作为经济学家淡出了人们的视野，转而从事心理学、法律、哲学等方面的研究，以至 1974 年获得诺贝尔经济学奖时，经济学界大多数人不知道他是何方神圣。

在货币主义与凯恩斯主义的论战中，芝加哥大学的弗里德曼充当了旗手。他关于消费需求取决于长期收入、货币数量论以及自然就业率等的观点，都说明了增加货币供应对于刺激经济增长、增加就业是没有作用的。除了货币主义，第二次大战后美国还产生了供给学派、公共选择学派、理性预期等学派，形成了新自由主义经济学阵营，从不同的角度动摇了凯恩斯主义的理论基础。再加上 20 世纪 70 年代中期美国出现了经济"滞胀"，凯恩斯主义理论对此无法做出解释，也没有应对良方，一时间新自由主义经济学似乎在理论上占了上风。但是，在现实经济生活中，遇到经济萧条，各国政府采取的主要政策还是凯恩斯主义的经济政策。

至于芝加哥学派和奥地利学派的论战，"两个剑桥"（英国剑桥大学和处于美国马萨诸塞州剑桥的哈佛大学）之争，以及经济学界的其他一些争论，人们认为实际上论战双方的共同点大于其分歧点。这些学派之间旷日持久的论战，对经济科学的发展并没有多少实质性意义。

没有一种经济学说没有价值

如果从 1621 年重商主义者托马斯·孟的代表作《论英国与东印度公司的贸易》发表算起，人们重视经济学理论探索，已经有 300 多年了。300 多年间，经济学不断发展，重商主义、重农学派、英国古典学派、新古典经济学、凯恩斯学派、新古典综合派、新自由主义经济学，轮番在经济学舞台占据主流地位，历史学派、弗莱堡学派、北欧学派、社会主义经济学派等也分别产生了重大影响。

从起源上看，经济学是伴随市场经济的产生和发展而登上社会科学舞台的。因而，从根本上说，近代以来经济学主要研究的是市场经济的性质及其有效运行问题，经济学发展也存在着这样一条主线：亚当·斯密提出和解释了市场经济发展中的主要问题（有人说，斯密的《国富论》提供了迄今为止 70% 以上的经济学知识），以后出现的各种经济学理论，主要是围绕斯密提出的问题，增加、补充我们关于市场经济的知识，纠正我们对市场经济的错误认识，使这门学科逐渐

向科学接近。这是近代以来经济学发展的主流。大致可以说，近现代以来的经济学就是关于市场的经济学，其他理论或学派都是支流。学习经济学、研究经济学，应当抓住这条主线，否则就会不得要领。

经济学发展经历了百川归海的过程，形成了占主流地位、关于市场的经济学，并不意味着300多年来经济学发展过程中的其他探索完全失去了理论意义，原来曾经辉煌或者昙花一现的理论都是没有科学价值的。应当知道，主流经济学在发展过程中，既从众多经济学支流吸收了营养，也舍弃了一些有价值的思想材料。

让我们举几个例子看。

今天看重商主义的经济理论和政策主张，显然不符合市场经济发展的要求，已经没有多少科学价值了。但也不能否认它对经济学发展的间接贡献。比如，重商主义者强调了国际贸易的重要性，改变了人们对商人的鄙视，拥有特许经营权的公司成了现代公司的前身等。同时，重商主义者热心收集和保留系统的贸易统计数据的做法，也是留给现代经济学的宝贵遗产。

德国历史学派否认各个国家之间存在共同的、普遍的经济发展规律，反对自由贸易，固然是错误的，但是出于落后国家摆脱落后状况的需要，李斯特等人提出要更重视财富的生产力而不是财富的数量，经济落后国家的政府要干预经济，实行关税保护政策，保护本国幼稚产业。对于经济落后国家，这些观点仍然具有参考价值。阿根廷经济学家普雷维什的中心—外围理论，以及发展中国家要实行替代进口的政策主张，与历史学派的基本观点就是一脉相承的。南美国家一个时期实行出口替代政策，的确促进了这些国家的经济发展。20世纪80年代中后期，阿根廷等国家改弦更张，按照"华盛顿"共识，实行完全的市场化和开放政策，90年代以后就开始出现严重的经济衰退和一系列经济乱象，从此一蹶不振。这是值得深思的。

凡勃伦等美国制度学派经济学家缺乏完整、严谨、逻辑一致的经济学理论体系，他们的著作不像是严格意义的学术论著，更像是具有讽刺和揭露作用的文学作品。但不能因此认为制度学派的理论毫无价值和启发意义。他们反对新古典经济学寻求所谓永恒的经济规律的静态观点，提出不仅要关心"是什么"的问题，还要关心"如何到达这里"的问题，因而经济制度的演进和功能应该是经济学研究的中心问题。他们还提出制度不仅包括有形的组织和机构，如银行、监狱、医院等，而且包括社会习俗、习惯、法律、信仰、意识形态、思维方式和生活方式等。这些观点实际上是新制度经济学和演化经济学的理论源头。

我们要学会尊重历史，对历史尤其是思想史不能持轻薄态度。

（作者为经济学博士，中国铁建独立非执行董事，中国国际工程咨询有限公司董事）

格申克龙论社会态度、
企业家与经济发展

王红曼

亚历山大·格申克龙是美籍俄国经济学家，是 20 世纪西方著名的经济史专家。他 1904 年出生于俄国的奥德萨，1920 年离开俄国定居于奥地利，并于 1928 年获得维也纳大学的政治学博士学位。随后，他进入弗里德里希·冯·哈耶克领导下的奥地利经济周期研究所工作。1938 年德军入侵奥地利时，他移居到了美国。先在加利福尼亚大学的伯克利分校工作了六年，任助理研究员、讲师。后又在美国联邦储备委员会工作了两年。从 1948 年起成为哈佛大学的教授，并于 1962 年创立了著名的后发优势理论。《经济落后的历史透视》是格申克龙的一本论文集，主要收录了作者有关欧洲经济史以及苏联问题研究方面的代表性成果。这些论文也是国际上在有关经济史、经济增长与发展等领域受到广泛重视并且被大量引用的经典文献。在该书的第三章，格申克龙主要围绕社会态度所涉及的社会角色、社会价值体系等社会舆论环境对于企业家活动的评价，以及这种评价最终会对一个国家经济发展产生怎样的影响而展开讨论，目的是为探索经济史研究方法提供一种反思性的学术视角。

一、"社会态度"是一个跨学科的问题

格申克龙开篇即指出，"社会态度"并不是一个十分精确的术语，必须对它施加限制——它实际上所指向的是，对于企业家和企业家活动的流行的一般社会舆论环境，对于一个国家经济发展产生的重要影响。尤其是在一个国家的工业化

早期阶段，社会态度对企业家的数量和质量以及企业家的创新能力等各方面的影响是经济学家、经济史学家关心的学术问题之一。他指出，哈佛大学企业史研究中心在数年时间中都将精力投入和贡献于一种"对于经济史的企业家研究方法"，并且对社会对于企业家的态度问题给予了极大的关注。这主要来自两方面的知识激励：一是熊彼特的经济发展理论的影响，尤其是该理论关于企业家的创新能力在经济变迁过程中所起到的关键性作用。二是在工业化早期阶段，当企业家在社会中的地位问题受到经济学家关注时，则需要借助于帕森斯的社会学理论。由此可见，格申克龙一开始就明确地指出"社会态度"与企业家、经济发展之间的关系问题是一个跨学科问题，而且必须使用经济学与社会学的跨学科研究方法才能找到强有力的学术表述。

社会态度首先要涉及的一个概念就是关于社会角色的"角色理论"。社会中的单个成员被视为扮演着特定的社会角色，正是这种角色"成为社会体系的概念单位"。角色的主要构成要素是角色预期，它指的是单个人彼此预期将要扮演的角色是什么。角色预期和认可模式被制度化为社会的一般化价值体系。帕森斯理论认为：在一个经过良好整合的社会，这些价值被内部化为人格体系，即它们被单个人接受和采纳。结果，这种价值体系成为行动的关键因素。那么，这种理论为何会吸引研究经济史发展与变迁的学者呢？格申克龙举例说明，比如哈佛大学企业史研究中心的亚瑟·科尔在《变化与企业家》专题论文集中赋予了"社会赞许程度"明确的重要性。利兰·H.詹克斯在《企业家人格的角色结构》一文中则更为详尽地考虑到角色因素与适当行为之间的关系，提出分析企业家行为必须把他们放在其所处社会的文化模式背景下去解释，才能更加深入理解个人与社会角色之间出现差异的可能性以及这种差异性的存在预示了重大的社会变迁等一系列事实。另外，托马斯·C.科克伦也在这同一本论文集中撰写了《美国企业家史中的角色与认可》的论文，对角色理论进行了深入分析。

格申克龙指出，以上这些概念在本质上都是有意义的。但是，这些理论的提出和探讨"只能给出高度尝试性的回答"。他认为，在研究企业家行为时，必须考虑"社会赞同"对于企业家活动的涌现究竟具有多大的重要性。特别需要考虑，当一国经济开始一种突然暴发的经济发展态势时，它在经济发展的关键阶段具有什么样的重要性。社会赞同的缺乏应当被视为一种严重的阻碍因素吗？它真

的会以某种重要的方式影响企业家活动的内容以及促使企业家态度发生调整吗？所有的这些问题还有待从经济史的角度来考察证明。格申克龙提出这些问题意在说明，一种社会价值体系，不论强弱，除非由国家的认可来施加，否则将难以实施，而国家的认可既可反映，也可能不反映占支配地位的价值体系。另外，表面的价值体系与实际起作用的价值体系是两回事，也必须严格区别并考虑进来。基于种种复杂的分析，格申克龙认为，当我们要开始考察社会行动的决定因素时，不能仅仅从某些行动的存在来推论出社会价值，否则就无法合理解释社会赞同如何影响了企业家的规模与质量问题。

二、"社会态度"对企业家和经济发展的影响程度

正因为社会态度是一个复杂的跨学科问题，所以，格申克龙强调既不能从表面上认为社会赞同是成功企业家的一个前提，同时，也不能否认社会态度的确会对企业家和经济发展有影响。他以俄国经济史为例，指出："在俄罗斯，那些如此公开地不赞成企业家的社会态度的广泛存在，极大地减少了潜在的企业家的数量，因而降低了该国经济发展的速度。甚至到了 20 世纪，俄罗斯的大学生还在对与追求实际利益特别是工商业活动相关联的工作显示出极大的轻蔑态度。当他们来到西方的大学后，他们很快就产生了对身边其他同学的嘲笑，他们认为这些同学的态度是粗俗的实利主义。在一个俄罗斯学生的词库中，'职业生涯'仍然是一个令人羞耻的字眼儿。"格申克龙指出，这种态度会在某种程度上阻碍一个国家的工业化。但是，与此同时，格申克龙也抛出一个问题："然而，这种社会态度却不能阻止 19 世纪 90 年代快速工业化的辉煌时期的出现，此时期，俄罗斯的工业年增长率已经接近于 9%。"这种现象又如何解释呢？

因此，格申克龙的观点非常鲜明，他认为，一种对企业家的不良或者不友好的社会态度，固然会推迟一个国家快速工业化早期开始的时间，同时，还对其工业化过程的特征也有影响，但是，如果从一个更为长久的时期来观察的话，试图简单地用社会态度的某种滞后来解释落后国家快速工业化的暴发，则显然是站不住脚的。格申克龙着重想表明，对于一个国家的经济发展，社会态度只是其中较短时间内的影响因素，而技术进步、平衡增长、制度变迁等因素都将持续产生其

影响。从这一观点出发，他对两位学者的几篇论文（如大卫·S. 兰德斯的《19世纪法国的企业家与工业增长》和约翰·E. 索耶的《现代法国社会结构中的紧张压力》等论文）进行了批判。他认为，单纯地从一般的理论概念中寻求观点也许有些不公平，两位作者所选择的参照标准影响了他们的思想。

在他看来，这两位作者的主题是简单的：法国的企业家行为特征一直是法国经济发展中一个重要的，也许是主要的阻碍因素，而这种行为在很大程度上又是该国流行的价值体系影响的结果。比如，这两位作者提及的法国企业家思想保守，他们对于风险和信贷约定的厌恶，以及对于激烈竞争活动的反感等，导致法国企业主要是以家族为特征并且企业规模都较小。针对这一观点，格申克龙反驳性地提出，如果不是和美国相比较，而是和德国相比的话，在 19 世纪，法国企业家在某些领域中的活力毫无疑问超过了德国，比如法国一位大企业家叫费利克斯·波坦，他在有关零售业的创新观念方面就远远走在德国之前；再看德国，前工业化的社会价值的力量在德国要比在法国更加强大。德国的家族企业一直保持着强大的势头，企业家的梯队程度也处于较低层次。但是，是什么导致德国工业化如此迅猛地发展起来了呢？格申克龙认为，是德国经济的顶层结构发生了转型。尽管此时期德国位于其下的所有事物仍然是中世纪性质的。

基于以上分析，格申克龙认为，假若不同国家企业家的行为差异必须要由角色、角色预期以及价值导向等因素来解释的话，则肯定是毫无根据的。显然，企业家行为的差异也许与占支配地位的价值体系以及社会认可程度无关，应该主要是与变化的实际收入水平、生活条件、自然资源、禀赋程度以及其他别的条件有关。因此，他主张，要客观对待社会态度对企业家和经济发展的影响程度。

三、"社会态度"在经济史研究中的意义与局限

从前面的讨论中也许可以得出某种结论，即一个严格的概念框架在构造问题的过程中无疑是有用的，但是它也时时可能引发使那些问题招致错误答案的危险。社会科学研究中存在着一种根深蒂固的渴望：试图发现一种在所有时间和条件下都有效的普遍方法和普遍规律。然而，这些态度必须谨慎甚至有时候必须被抛弃，因为，它们过高估计了经济现实和科学工具特性的简单化程度。因此，格申克龙写这篇文章的宗旨是想告诉研究经济史的同行们，"当经济史学家组织和

解释他的材料时，他所能希望的只是发现有限的统一性模式，这些模式虽然也许对于某些地方和某些时期具有解释的价值，但是却可能完全不适合于其他的地方和其他的时期"。所以，他主张，无论如何，对于角色理论就其当前的形态以及它所隐含的所有结论而言，究竟对理解经济的进程（尤其是在这些经济中，经济体系正在发生某种剧变）是否具有很大的作用，是应该提出严重质疑的。

在格申克龙看来，在考虑一个国家经济转型时期时，不可能存在某种统一的和普遍的规范价值体系。相反，则是多元价值体系并存，甚至某些价值体系会在较长时间内保持不变，比如，农民的态度则肯定是由那些变化异常缓慢的价值体系决定的。但是对于分析企业家的价值体系则不可能照搬这种说法，企业家集团的行动也许不受任何可识别的一套价值体系的指导，甚至某些时候，即在他们的行动与他们所依然坚持的一般价值体系之间，存在着完全的分离。即使某些时候，尽管有一套可识别的特定价值体系可以被归属于企业家，这些价值体系也可能具有更新的起源和更大的未来变化可能，但是，用这些价值体系来解释企业家的经济活动与一个国家的经济变迁的基础，则仍然是绝对不能令人满意的。因为，在历史的现实中，企业家并不是作为训练有素的演员在组织良好的社会戏剧舞台中扮演着他们被预先规定的角色，而是为应对经济与社会环境中的巨大变化的挑战而进入历史舞台的。所以在对待企业家价值体系问题时，注重考察他们与最广义的环境之间的关系就变得十分必要了。

格申克龙举例说，比如19世纪60年代及随后数十年的俄罗斯企业家和19世纪50年代的法兰西企业家，无疑都引起了巨大的经济变化，但是在俄罗斯能够更顺利也更简单扼要地解释这些变化的则是农奴的解放，在法兰西则是推行其自由化政策的第二帝国的建立，而无须任何的价值体系。与此同时，格申克龙也强调指出，"社会态度"以及与其相关的一系列概念框架在企业家研究领域并非意味着应当被完全拒绝。经济史学家必须始终努力结合其他社会科学所提供的工具，来运用经济理论对经济事实过程进行分析。当然，格申克龙还是好心地提醒经济史学者们，"过于热心地接受抽象的社会学模型也许会走向对于经济史研究中跨学科方法的价值怀疑"。他说，比如社会态度与角色理论也许恰好就是一个例证。因此，他主张，要采用多样化的方法来分析经济史变迁过程中所产生的那些多样性的因素，而不要简单地使用一种理论。在文章的最后，格申克龙作出一个结论：社会对于企业家的敌视性态度，除非被允许变成具体的政府行动，否则将不会对工业化进程产生重要的影响。

综上所述，我们可以看到格申克龙在处理经济史材料和进行经济史研究分析过程中，其学术视野与学术方法是非常严谨的，这主要奠基于他对 19 世纪欧洲经济史的深刻洞察，从而能在得益于跨学科意义的同时又超越了跨学科的局限。

（作者为华东政法大学中国法治战略研究中心副教授）

旧墨故笺中见活历史

——读《竺可桢日记》随感

徐康宁

市面上有很多名人日记，我一向对其兴趣不大。一个间接因素接触到《竺可桢日记》，读后却欲罢不能，有几分震撼，产生一吐胸中蕴蓄之意。

堪称奇观的皇皇日记

竺可桢，中国气象学科奠基人，著名教育家，1890年生。1910年，考取庚款官费生，与胡适、赵元任等一道赴美留学；1918年，获哈佛大学博士学位；回国后，先后任东南大学教授、中央研究院气象研究所所长、浙江大学校长；新中国成立后，任中国科学院副院长，1974年病故。竺可桢曾任浙江大学校长13年，新中国成立后曾得到毛泽东的专门召见，畅谈气象与经济发展。他一生交往的，不是名流就是高官。新中国成立后，他被任命为中国科学院副院长。因为这样的身份和经历，其留下的个人文字颇有史料价值。

《竺可桢全集》皇皇24卷，其中私人日记是大头，共16卷，每卷约80万字，总篇幅达到惊人的1300万字。这还是自1936年起的日记，之前的日记因战乱颠沛而遗失。竺可桢每天都写日记，短则三五百字，长则一两千字，一直写到逝世前的一天。我仔细看过的两集——《竺可桢日记》第5集和第6集（其他卷集只是选择性看），也是《竺可桢全集》第10卷和第11卷，为1946年到1949年所记，共记录1460天，每天一篇，从无中断，且很有条理，文字值得推敲。

无论大喜还是大悲，都不会影响竺可桢写日记一篇。时局动荡时刻，竺可桢突然接到自己长女死讯（别离已三载，得讯时人故已一年），依旧不忘写下当天日记："得梅（长女小名）去世的消息，呜呼，痛哉。……惊骇莫名。余为泪涔涔者久之。梅享年仅二十六有余。余于 1938 年丧妻及子（次子），1948 年又丧女。忧患余生，又安能再受此打击耶！"（1949 年 6 月 3 日记）日记并没有因心悲而凌乱，最后一段是当天物价上涨情况。次日，日记一如平常。这是何等的毅力与恒心！

竺可桢生前，私人日记秘不示人，周围人甚至不知其有写日记习惯。他写得如此认真，也不是为身后出版，因为时有很私密的内容出现于日记，如家庭矛盾、儿子学习成绩不佳、议论同事等。据他自己所言，写日记是备忘。正因为是私人所藏，没有刻意修饰，所以记录的时代更有它独特的"原生态"价值，可以让历史鲜活起来。

了解经济民生细节的珍贵资料

《竺可桢日记》（以下简称《日记》）记载广泛，但凡当天发生的国内外大事、社会重要变化，竺可桢笔下都有记录，使后人得知许多历史细节之处。例如，1946 年 1 月 1 日这天："自今日起车靠右行。"原来在此之前，中国交通采用英国制度，车靠左行。第二次世界大战以前，来自英国的西风对中国影响更大，20 世纪 30 年代的法币改革是将货币钉住英镑，而不是美元，《日记》对此也有记载。

竺可桢是科学家，却十分关注经济民生，在《日记》中记录了当时不同阶层尤其是知识界收入情况。1947 年冬春，竺可桢在波士顿见钱学森，当时钱学森为美国 MIT（麻省理工学院）副教授，年薪 7000 美元，即将成为该校第一位华人正教授。（1947 年 2 月 27 日记）新中国成立初实行薪给制，以小米为工资单位。1950 年 1 月 14 日记：提钱三强为正研究员，月薪 1060 斤小米，外加 70 斤作车马费（当然不是直接发小米）。物质不发达社会，粮食成财富之锚。1956 年工资改革，竺可桢没按一级研究员定薪，而是按五级干部（副部级中最高档）薪级取酬，前者 345 元，后者 382 元（均不含学部委员补贴 100 元）。《日记》还记下，严济慈、钱三强、钱学森、金岳霖、范文澜等享受特级研究员待遇，月薪

450 元。（1956 年 6 月 13 日记）可见，那时高级知识分子颇受优待。

《日记》留笔最多的，一是天气（每天都记，毕竟是气象学家），二是物价，算得上一部独特的物价史。1955 年 5 月 17 日有这么一条记载：在重庆解放碑附近，2.2 元购冬虫夏草 2 两。竺可桢一生写日记，其至少遇到三次大的币制改革。第一次是法币改革，第二次是发行金圆券，第三次是废旧币，流通人民币。限于篇幅，此处只叙金圆券一例。

为抑制物价，国民政府于 1948 年 8 月 20 日发行金圆券，废除旧法币。当天日记开头就写："（今日）以金圆券为本位币制实行改革，发行金圆券，收兑法币，以三百万元折合金圆一元，限十一月二十日前兑掉。收兑人民所有黄金、白银。金圆券发行二十亿为限。"不出一月，物价又开始上涨。不及两月，虽有政府限价，黑市价格已一路飞扬。"因日来暗盘大涨，物价因受限制不能明涨，但瓦砖、水泥均无现货，洋钉限每人买四两，水泥定价每袋四元三角，黑市至十二元。因物价随米价，米价随金价，而黑市金价每两七百元，较规定涨二倍半矣。"（1948 年 10 月 19 日记）竺可桢不是经济学家，但洞察物价、米价、金价之间关系，十分精辟。又一月，"近日物价狂涨，为向来所未有。昨米价上海不过四百五十元一石，今闻叫七百元。"（同年 11 月 8 日记）金圆券改革彻底失败，行政院长和财政部部长引咎辞职，前后不足三个月。

一般研究将金圆券改革失败原因归结为三条：一是货币超发，搜刮民间财富；二是官员腐败，中饱私囊；三是战场连败，民众失去信心。读《日记》，可多一份认知。除上述原因外，技术官僚不专业，也是一因。此处要提到时任财政部部长王云五，此人乃奇人，值得费二三百字一叙。王云五自学成才，15 岁学徒，靠两年英语夜校学习积累，施教于上海当时有名的中国公学，其中一个学生后来成了大名人，就是胡适。他仅长胡适三岁，但胡适一生始终以师相称。师以生贵。多年后商务印书馆仰慕胡适才学，高薪聘其为编译所所长，胡适难从，乃推荐他的老师，王云五就当上了当时商务印书馆之高管。王云五自己也修炼得真功夫，21 岁时以每月 12 银圆（普通人一月收入）的分期付款方式从商务印书馆买得一套 30 册的《大英百科全书》，将其当作教科书在三年内读完，成了博家。他到商务印书馆后实行西式科学管理，出书无数。他还发明了汉字四角号码检字法，出版以此法检索的字典，我辈许多人还用过四角号码字典，他在出版界是一个绕不过去的历史人物。王云五后进入政界，一直做到财政部部长，金圆券改革

TEAHOUSE FOR
ECONOMISTS 经济学家茶座

就由他直接操刀。但是，管得好一个出版公司，未必能管好一国货币财政。在当时的时代背景和治理结构下，用央行缩表的方式控制通货膨胀，完全是异想天开、纸上谈兵。况且，由财政部部长制定货币改革方案，本身就是一个笑话。竺可桢在日记中不仅记录了金圆券改革失败的全过程，而且记下了自己心中的愤懑。其妻将手中黄金兑换金圆券，但很快成了一堆废纸。

还有一点很关键。发行金圆券，意在变相实行金本位制，但中国从来无力采用金本位货币制度，因为黄金储备严重不足。竺可桢的日记中也有这般鲜活的资料。当时美国有黄金储备 204 亿美元，居世界一多半，而中国推行金圆券时，黄金加上白银，政府手中只有 1.1 亿美元，只有美国的 1/200。（1949 年 1 月 14 日记）

中国半导体科技落后原因的佐证

在《日记》中找到最有价值的资料线索，也是我读竺氏日记的起因，是关于晶体管技术在中国出现的背景信息。

晶体管是 20 世纪最伟大的发明，至今影响不衰，芯片就是由数不清的晶体管组成的。1947 年 12 月的一天，美国贝尔实验室的三位科学家发明了晶体管，半年后将其公布于众，9 年后获诺贝尔物理学奖。1952 年，贝尔实验室的母公司以 2.5 万美元转让晶体管的生产专利。除美国公司外，日本一些企业也想采用晶体管技术，其中以索尼公司（当时还不叫这个名称，此处不表，下同）最积极。1954 年，索尼公司克服种种困难，终于研制出品质稳定的晶体管（贝尔实验室只转让专利，不传授技术诀窍）；1955 年向市场推出晶体管收音机（在此之前，收音机都采用电子管技术，体积很大）；又过两年，占领美国市场，后来索尼成了世界电子工业之翘楚。

同一时期，中国的科学界和工业界却多年寂静，甚至"晶体管"一词直到 1956 年才出现。我手头有一本 1957 年出版的《英华大辞典》，这是当年国内词汇量最大的英汉词典，却没有收入"transistor"（晶体管）一词。为进一步了解这段历史，我特地做了一些搜寻考证工作。晶体管第一次出现于国内正式出版物是在 1956 年，出自《电信科学》创刊号（当年下半年创刊）上成众志的一篇文章。成众志，留学美国，哈佛硕士，1955 年回国，时为中国科学院应用物理研究所的副研究员。《人民日报》第一次出现"晶体管"一词的时间是1956年9月2日，出自中科院学部委员孟昭英的一篇科普文章。据1956年回国的麻省理工学院电子学硕士吴锡九（他回国时新华社专门作了报道）在他的自传《回归》中的介绍，将"transistor"一词翻译成"晶体管"，还是他回国后与成众志一道商量研究后定下的，时间在1956年6月左右。中国物理学会在1956年初开过一次以半导体技术为主题的重要会议，当时国内该领域的一些知名科学家都提交了论文，如黄昆、王守武、洪朝生、高鼎三、成众志等。黄昆和成众志在会上有专文论述晶体管，但用的分别是"晶体放大器"和"半导体放大器"（晶体管是一种半导体，其主要功能是将电子信号放大），间接证明了吴锡九关于晶体管一词首次使用时间的说法。1957年科学出版社出版的论文集《半导体会议文集》可以作为书证。我不懂日文，收集20世纪50年代初出版的英日词典也非易事，但可大胆推测，日本相关词典和科技文献中出现"transistor"及其日译名，肯定比中国早上好几年。

索尼公司创始人之一盛田昭夫在《日本制造》这部书中写道，他和公司另一位创始人井深大早在1948年从《贝尔实验室报告》中就了解到晶体管的研究，此后一直密切关注，1952年井深大专门为晶体管一事去美国一趟。中国第一只晶体管研制成功是在吴锡九回国之后，时间是1956年11月，但其仅是实验室产品，没有实现商品化生产。中国晶体管技术输在了起跑线，代价是惨痛的。时任国家计委副主任房维中在1980年代初的一篇访日经济考察报告中写道，我们的电子工业太落后，我们的半导体技术，相当于1956年日本在中国办第一次日本商品展览会时的水平，技术水平相差20年。

为什么晶体管出现后，中国的反应如此缓慢，与日本形成巨大反差？是中国的科技人才力量不如日本吗？答案是否定的。中国第一代从事半导体研究的科学家力量并不弱，许多是从欧美国家学成归来的优秀专家。如黄昆是留英博士，王守武是留美博士，洪朝生是麻省理工学院博士，至于高鼎三、成众志、吴锡九，更有在美从业的实际经验。高鼎三是留美博士，有在美国从事半导体研究两年的实际经验，1955年回国，后来成了院士。成众志从哈佛毕业后曾在美国著名的无线电公司RCA工作，回国前与他人合作出版了《晶体管电子学》一书，此书是国外早期晶体管技术的经典著作之一。日本索尼公司当时远没有这般整齐的人才储备，其做法是派技术人员到美国边看边学。

多数研究总结当年我国半导体技术落后的原因不外乎两个：一是美国的技术封锁，二是当时我国在科学技术上全面向苏联学习。其实，还有第三个重要原因，就是科研人员对国外科技进展情况了解远不充分。甚至连竺可桢常年看的既著名又普通的《自然》杂志，也是国内翻印版，时间上滞后很多，这在《日记》中也有记载。与此同时，包括竺可桢在内的科技人员花了很大精力在学俄文。

关于这方面，《日记》提供了两点重要佐证。一是竺可桢有长期阅读国外报刊的习惯。新中国成立前的日记有许多直接引用；新中国成立后有关国外的资料信息，《日记》基本引自《参考消息》或苏联出版的英文报刊。二是1954年12月26日的日记有这样特别的一段：今日科学院等单位约请部分科技界和社科界政协委员座谈，计到苏步青……金岳霖、陈岱孙、罗尔纲……武衡、钱三强等。……任叔永谈看不到英美期刊，现在既不懂俄文，又看不到英文，两边落空。任叔永即任鸿隽，叔永是他的字，乃竺可桢一生至交，《日记》中多处以其字代其名，以示亲切。任鸿隽早年留学美国，回国后曾任北京大学教授、四川大学校长，长期致力于科学在中国的传播，是中国科学社的创始人之一和第一任社长，在中国科学界名望很高，新中国成立后任全国政协委员、上海图书馆馆长。作为长期关注世界科学进展、致力于科学传播的学界名流，任鸿隽都感叹看不到英文期刊，可见当时来自欧美国家的信息之闭塞。有理由推论，在高鼎三、成众志、吴锡九回国之前，国内对晶体管的了解是很不充分的，甚至完全不知这项技术在西方国家的进展，仅有的一些认知也是来自苏联。即便是有高水平的专家，但由于其回国较早，掌握科技动向不及时，故一开始就落后于日本。直到1956年初，中国科学院才明确研制晶体放大器（晶体管）的计划，而且起点很低。（王守武、林兰英等院士的传记可做书证）吴锡九刚回国（1956年6月），曾应上海市委之邀，专门做晶体管方面的报告，其展示的由他带回的不用接电线插头的晶体管收音机成为新奇之物。

1956年初，中央召开知识分子会议，紧接着发出"向科学进军"号召，引入欧美国家图书和期刊资料较少的情况有所好转，但还是有明显局限性。

许多重大科技发明是人类相互学习启发的结果，了解世界往往是进步的开始。今日主张科技自立自强，也切不可忘了了解世界、学习世界，关起门来是出不了尖端技术的，历史上的教训太深刻。

精神世界异常丰富的人生

作为大学校长、著名科学家，竺可桢收入不菲，舍得花钱消费。《日记》显示，他喜欢好的东西，尤其喜欢德国照相机、瑞士手表和派克金笔。1946 年从美国回国时，竺可桢带回九大箱的消费品和书籍（其中有两箱为浙大物品），重达 2050 磅，另有海轮装运，其中许多物品乃多数国人在半个世纪以后才得一见，如真空吸尘器、复合维生素等。20 世纪 30 年代居住南京期间，他固定到中央饭店理发。中央饭店是民国时期南京最高级的饭店，至今仍在，当年在那里理发应属高档消费。20 世纪 40 年代在美国看牙医，他花费 100 多美元洗牙、补牙，比他晚一代的多数国人，恐一辈子也没听说过洗牙之事。尽管如此讲科学，竺可桢的牙齿还是不好，《日记》反复提到看牙医之事。新中国成立后所写的《日记》，高消费记录有所减少，但仍时有所见，1956 年 7 月 26 日记下：在北京王府井百货商店定做华达呢（《日记》里用的是 "Gabardine" 一词）春大衣一件，哔叽西装一套，去 195 元。在那个年代，这绝对是高消费了。

今日看，竺可桢的消费观很符合经济学道理。除去必需的，钱是用来花的，不是用来省的。只有钱花掉了，才能换回效用，这里与奢侈、浪费无关。读《日记》，更多的欣赏之处，则是他对外部世界始终好奇和认真，是他更为丰富的精神世界。作为科学家，他爱读文史和政经之书，在日记中写下很多心得。他买书广博不拘，只要是遇到好书，财力可及，他便将其收入囊中。1947 年他在美国花 243 美元买下一套新出版的《大英百科全书》，另用 30.9 美元购得《韦氏国际大词典》一本，所费远超一月收入。据戴建兵博士论文《白银与中国近代经济（1890—1945）》所示资料，民国 1 银圆值 0.3 美元，两套书花费的美元值 900 大洋，这对当时的竺可桢也是一笔巨款。那时教授收入最好的光景是 20 世纪二三十年代，名教授月薪四五百银圆，胡适是月薪最高的教授，一月 600 银圆（不算兼职收入）。抗日战争时期的竺可桢，虽身为大学校长，月薪仅能换百余美元。汇率凡有变动，《日记》都有记录，了解这点并不困难。竺可桢那次出行购物之所以"豪放"，也是因为蒋介石批了一笔特别资助，此处不细表。

竺可桢学识渊博，关怀民生，对外界始终保持一份热忱，有心情、有恒心写下这一千多万字的日记，足以见其精神世界的丰富。日记不仅仅是为了备忘，写作还是一种畅意表达，人生因此而更有意义。正如他在晚年日记中所言——对己一生很满意。写及此，特别希望今日年轻经济学人，多写一些讲真道理的文字，少做一些自己都不相信的假问题研究（主要指那些假命题和伪验证，此类现象甚多，不排斥用科学方法研究真问题）。有道理、有情感的文字，即使换不来功和利，也会使你的精神世界有点颜色，不再只是为了活在俗的世界。人类文明中，文字是最伟大的发明，远在晶体管之上。

（作者为东南大学经济管理学院教授）

知之不如好之，好之不如乐之

——评《一切皆契约：真实世界中的博弈与决策》

梁平汉

　　如果可以在互联网上进行考古的话，中国人民大学聂辉华教授无疑会被列为经济学界的"初代网红"之一。十多年前，当聂教授还是中国人民大学的在读博士生时，他就积极在博客上向经济学界介绍和传播契约理论的框架和应用。后来在社交媒体上他也非常活跃，孜孜不倦地传递着自己对于契约理论的热爱和理解。《一切皆契约：真实世界中的博弈与决策》就是他从事相关研究和普及传播工作近二十年的成果。

　　翻开这部并不厚重的书籍，我不禁读出声来，原因无他，这样做会感觉到聂教授好像正站在自己面前滔滔不绝，真是"见字如面"。聂教授的讲座语速很快，但是逻辑非常清晰，扣人心弦，让人平心静气，不敢漏掉其中任何一点内容。这本书也是如此，内容非常连贯，不容你偷懒，令人手不释卷。

　　契约理论或者说"信息经济学"往往是经济学专业高年级本科生的学习内容。已有的教科书往往是数学导向的，注重数理模型的构建和推导，传授学生模型构建能力。这无形中构建了进入门槛，使那些想了解契约理论但并不具备经济学研究所必需的数理基础的读者望而却步，从而使他们难以理解契约理论在解释经济与社会生活现象中的重要作用。聂教授此书正是"破壁"之作，将准确规范的契约理论硬核知识用通俗易懂、生动幽默的语言展现在读者面前。

　　在笔者看来，阅读聂教授此书后所得，可以分成"知之""好之""乐之"三重境界。

先说"知之"这个第一重境界。经济学是研究人类行为的。人际互动行为是人类社会生活的本质特征之一。家庭、市场、政府、企业等，都是人际互动的场景。从马歇尔开始，新古典经济学主要关注人们在市场中的互动。在经典的经济学中，市场主体（如家庭和企业）在一定的约束条件下寻求自身利益的最大化。这里的主要约束条件就是市场主体自身所拥有的资源禀赋，以及这些资源禀赋的市场价格。实际上，所有的人际互动的结果都被反映在市场价格这一单一指标上，因此任何市场主体无须考虑其他主体的具体行动策略，只需要根据市场价格进行决策即可。所以新古典经济学使用价格理论来解释个体的最优选择。至于市场价格是如何形成的，经济理论家们则想象出一个拍卖者，根据供需双方报价确定均衡价格。不过这个极不现实的价格形成过程假设对于个人决策来说并不重要，毕竟完全竞争市场上任何买家卖家对于市场价格的影响都是可以忽略不计的。宏观经济学最青睐的"代表性家户"模型又有个名字为"鲁滨孙经济"，是把代表性家户看作漂流在海岛上独自生存的鲁滨孙，独自做出决策，无须考虑任何与他人的互动——至少在星期五出现之前是如此。聂教授在书中引用诺贝尔经济学奖得主布坎南的话，把新古典经济学研究传统称为"选择科学"，这也是我们现在的经济学原理教科书中的形态。

聂教授希望读者知晓的是，契约理论实际上代表着经济学中的另一个研究传统，就是"契约科学"。学术界对此早已熟悉，但是学界外的许多普通读者并不一定了解。契约理论的根基就是博弈，而博弈的核心就是人际互动。人们在做决策时，价格信号不足以完全反映他人的行动，因此人们需要明确考虑其他人的行动策略。

所谓契约，就是"当事人之间关于权利和义务的一种约定"。聂教授指出：世界上所有的人与人之间的关系，所有的制度和法律，本质上都是一种契约。因此，契约理论会明确考虑人与人之间的关系对人类行为的约束，而不是通过抽象的价格来约束个人的选择。书中指出，契约科学与传统的选择科学有三点不同：首先，契约科学主要关注制度层面的问题。其次，两者的基本假设不同，选择科学假设完全竞争市场，交易双方信息对称；而契约科学明确假设了市场是不完全竞争的，交易双方之间存在信息不对称。最后，选择科学忽略了决策者之间的互动，而契约科学则把人与人之间的关系看作一种契约关系，明确强调决策者之间的博弈和互动。

如书中所说，该书"帮助你建立一个契约理论的思维框架，在面对信息不对称时，做出最优决策"。通过阅读该书，读者可以从各种生活中案例的解析里学习契约理论的分析理念和经典结论，明白不同类型的信息不对称如何影响人们的博弈决策，进而如何形成我们生活中观察到的许多有趣现象，初步了解契约理论。

再说"好之"这第二重境界。一位女性经济学教授曾经告诉笔者，她在阅读了两位美国经济学著名教授的《育儿经济学》一书后，感觉到轻松愉快了很多。这并不是因为该书为她提供了什么育儿方面的指导（根据我的阅读，该书中基本没有实践操作指导），而是因为她觉得自己和身边人围绕育儿所产生的焦虑情绪和行为都可以用该书的理论解释。我们绝大多数人天生就不喜欢日常生活中的不确定性，因此努力地为身边现象寻求解释，以减少不确定性。个人知识的增长减少了日常生活中的不确定性感知，从而提升了我们的幸福感。

《一切皆契约：真实世界中的博弈与决策》一书共有五章，共35讲。除了第一章介绍契约理论的框架之外，另外四章分别从"职场和管理""企业和市场""家庭和理财""政府和国家"四个方面阐述了契约理论，内容涉及：是否要考大学？企业要不要搞末位淘汰制？大学怎么甄别人才？拼多多为什么有市场？iPhone为什么要不断更新换代？海底捞如何经营？为啥要交份子钱？"天价"彩礼有没有理？如何拍卖收益更高？食品安全如何管？国企改革如何改？国家如何实现产业升级？可谓"修身、齐家、治国、平天下"全覆盖。不管你想躺平还是想内卷，不管你关注家长里短还是星辰大海，不管你身份是"做题家"还是企业家，任何读者都能在书中找到与自己日常生活有关及感兴趣希望了解的内容，从而减少不确定性，可谓一部"人间指南"。"把深奥的经济学道理讲得普通读者都有兴趣读下去并能读明白"（中国人民大学经济学院原院长、著名经济学家杨瑞龙语），这怎不令人心生欢喜？

最后说"乐之"这第三重境界。这里笔者向读者透露一个小秘密，聂辉华教授曾经做过新闻记者！聂教授也是《经济学家茶座》发表文章最多的作者。聂教授此前还曾出版过畅销书《跟〈西游记〉学创业：一本人人都要读的管理秘籍》。在图书作者和读者信息不对称的今天，这些信号表明聂教授笔耕不辍，而且非常善于写作，十分能够抓住读者的"痛点"。聂教授用"生动、有趣、接地气"的语言和文风，传递契约理论的硬核知识。如果你是一位经管专业学生，阅读本书相当于快速修了一门中国顶级大学的契约理论入门课。这门课不仅让你了解契约理论的思维框架，还让你对契约理论产生进一步深入了解的兴趣，甚至可能"成瘾"，从此陷入"契约科学"的大坑中难以自拔，乐在其中。你可能为这些出人意料的视角、发人深省的观点所倾倒，为契约理论思维框架的强大解释能力所折服，开始下意识地用契约理论去解释生活和工作中的各种现象。

契约理论诚然具有丰富的含义，而信息不对称则是人类社会中的普遍现象。但是，现代经济学的研究已经变得高度数学化，而现有的契约理论研究本身更是高度的规范化和数学化，真正要正确运用和发展这些理论或者要聪明绝顶，或需皓首穷经，或者两者兼得。而且，即使拥有这些高难度的数学工具，现有的契约理论主要还是在研究相对来说比较简单的双方之间的博弈互动，在处理多方互动时，往往还需要引入更多行为偏好、承诺能力和时序方面的假设，比如先将一些行动者假设成一个群体。因此，契约理论不是也不可能是万能的，它不可能去解释我们身边的一切现象。不承认契约理论的边界，本身就是对于契约理论的庸俗化，重演市场上许多新古典经济学的"普及之作"对于价格理论的滥用和误用。聂教授大概也会赞同笔者这一观点。

要说聂教授大作有何不足之处，吹毛求疵地说，笔者窃以为有两点。第一，在很多章节聂教授都在文中提及了相关的重要研究论文，正确地指出了其思想源头。既然如此，不妨在每一讲思考题后面附上一两篇最主要的论文规范的来源信息，而不是在书后为每一章统一列出参考文献。第二，我尤其难以赞同聂教授书中对《三体》中章北海的决策的解释。《三体》中的两大公理是在文明这一尺度上而言的，即使刘慈欣也并不认为这两大公理必然适用于个人决策，因此从文本看，没有理由认为章北海必然要服从这两大公理的约束。在章北海与其他四艘追捕战舰之间的博弈中，从社会效率看，只有一艘战舰可以生存，而博弈的结果也是其中一艘"蓝色空间"号取胜。因此，最后实现的资源配置是有效的，达到了保存文明的目的。对于以拯救地球文明为自身追求的章北海而言，自身的存亡并不重要，这一资源配置结果已经达到了他的目标，因此他最后会说出"都一样"。从读者看来，五艘战舰自相残杀是一种悲剧，而章北海这样的英雄主角的失败更是悲剧。但是对于章北海这个博弈参与人而言，这并不是悲剧，他的决策也谈不上错误。

聂教授是一位具有"网红"气质的学者，但是他终究没有像某些"经济学

者"那样，靠综艺节目暴得大名。这就是真正的学者和"网红"的目标差异。而在不知情的外人看来，这也许是决策的失误。立德、立功、立言，真正的学者有内心的坚守，追求传世之德，又岂为外人道哉？

（作者为中山大学政治与公共事务管理学院教授）

林毅夫教授的育人之道*

——从《解惑集》和《园丁集》谈起

皮建才

　　林毅夫教授是我的博士后合作导师，他邀请我为他的两本新书《解惑集》和《园丁集》写一下书评，我欣然同意。他在发给我的信息中说："一本是《解惑集》，收录了我对'中国经济专题'课上两百多名学生所提出的问题的回答；另外一本是《园丁集》，收录了我和首届北大新结构经济学本科实验班学生课上和课下的互动。这两本书作为'林毅夫讲习录'的两个分册。'讲习'指'学问之道，讲其所未明，习其所未熟'，取自《象传》'君子以朋友讲习'。"我之前写过一篇名为《林毅夫教授的为师之道》的文章，发表在《经济学家茶座》2018 年第 4 辑（总第 82 辑）。育人之道跟为师之道相辅相成，所以这一次我打算写一下林老师的育人之道。

　　我是 2006 年至 2008 年跟随林老师做博士后的，因为我志在高校教席，所以我一直"近距离"用心揣摩和体悟林老师的为师之道和育人之道，感谢林老师给我提供了这样的绝佳机会。北京大学教育学院陈向明教授有一篇文章《一个教师不可避免要面对的两难》在网上广为流传。他在这篇文章中写道："通过各种'打杂'的活，新手得以从多元、多样的活动中逐步理解并认同共同体的价值观、意义解释系统、经验库和话语体系，以及相互的承诺和投入规则。"博士后两年时间里，林老师对我这个新手进行了全方位的锻炼和熏陶，让我对林老师的育人之道有了比较深刻的领会。林老师的育人之道是林老师一直长期坚持的培养

---

　　* 感谢林毅夫教授对本文的阅读和修改。

和训练学生的方法体系,《解惑集》和《园丁集》是对林老师育人之道的生动注解。我从两点来总结林老师的育人之道,这两点恰好是林老师早前写的一部著作的名字,这部著作的名字就是《本体与常无》。

首先,林老师善于从"道"上培养和启发学生。唐朝韩愈说过:"师者,所以传道受业解惑也。"林老师在《园丁集》的"序"中指出:"道是学问的根本,业是道在具体情况下的运用。"林老师在《解惑集》第 296 页写道:"经济学有一个不变的'道',即经济学的'本体',就是认为决策者在做决策时,总是在可选择的范围之内选择他认为最好的,这就是经济学的理性人假说。理性人假说是整个现代经济学理论体系不变的'道',是在观察任何经济现象时必须坚持的出发点。"因此,林老师把"每两周一次的小班讨论课的重点放在对'道'的切磋上"。林老师继续写道:"课上同学们口头汇报学习心得,我当场给予点拨,课后再对同学们提交的心得和问题逐一给予书面点评作答。这样的课程安排要求修课学生投入大量的时间和心力,让我深受感动和鼓舞的是同学们问'道'之心切而学'道'的潜力大,四次作业表现出同学们在所学之'道'上一次比一次精进。"实际上,这样的课程安排要求林老师付出更多的时间和心力,因为这里面是"一对多",即一位老师要面对很多学生,其辛苦可想而知。大家记住的永远是林老师"迪香式的微笑",所以林老师总是显得那么年轻,但实际上林老师已经 70 岁高龄了。林老师重视"道",并不是说林老师不重视"术"。林老师在《园丁集》第 46 页写道:"作为每一位同学的导师组组长,我负责从'道'上来启迪各位同学,探讨如何从现象出发认识问题的本质;其他两位导师从'术'上来提高各位分析问题和把分析写成理论模型、进行实证检验的能力;学习组的博士生、博士后则是和各位切磋,并根据观察到的现象和分析写成严谨的、可以发表的论文,或是提高用新结构经济学理论来解决现实问题的能力。"

其次,林老师善于通过"常无"为学生解惑。林老师在《解惑集》第 97 页写道:"在一个快速变动的社会里,一名知识分子要对国家和社会的发展起到建设性的作用,需秉持'常无'的心态,要自己从真实世界的现象出发,了解其背后的道理,要避免以现有的理论或过去的经验作为出发点来看真实世界的现象。"林老师在《解惑集》第 296 页继续写道:"我强调的'常无'是在做研究时,不要用现有的理论或是过去的经验去看世界,应该从真实世界现象本身出发,去了解其背后的因果逻辑。"怎样以"常无"的心态去认识世界呢?林老师提出了"一分析，三归纳"。所谓"一分析"，就是指"所要解释的现象的本质是什么，谁是决策者"。所谓"三归纳"，就是通过"历史纵向归纳、当代横向归纳、多现象综合归纳"来发现现象的根本决定因素和关键机制。林老师在《解惑集》第296页进一步写道："按照上述建议的秉持理性人的'本体'、用'常无'心态来观察世界的方法，'学而时习之'，就会'熟能生巧'，你就有能力抓住这个时代的机遇，为经济学的理论发展做出贡献。"

林老师为学生答疑解惑付出了巨大的精力和心血。林老师在《解惑集》"序言"中写道："一个学期下来，总共有244位同学参加了讨论，提出了232个很有深度、很有针对性的问题。我逐一文字作答，每次答疑经常是从18：40上课开始，一直到深夜尚未解答完毕，移到隔日继续解答。"正所谓："春风化雨润桃李，呕心沥血育新人。"2021年10月，林老师获得第三届教学大师奖，颁奖词中关于育人的部分写道："守教育报国初心，担教书育人使命，坚守三尺讲台，为本科生授课二十余载，潜心铸魂育人，永葆奋进之姿。"为师者需要掌握育人之道。如果想要了解和学习林老师的育人之道，那就赶紧阅读林老师的新著《解惑集》和《园丁集》吧。

（作者为南京大学经济学系主任、教授）